尘世的惶恐与安慰

Agonies and Consolations in This Life

吴飞 著

北京大学出版社
PEKING UNIVERSITY PRESS

图书在版编目（CIP）数据

尘世的惶恐与安慰 / 吴飞著. —北京：北京大学出版社，2018.3
（沙发图书馆·人间世）
ISBN 978-7-301-29055-2

Ⅰ.①尘… Ⅱ.①吴… Ⅲ.①哲学—文集 Ⅳ.① B-53

中国版本图书馆 CIP 数据核字（2017）第 314448 号

书　　名	尘世的惶恐与安慰 CHENSHI DE HUANGKONG YU ANWEI
著作责任者	吴　飞　著
责任编辑	田　炜
标准书号	ISBN 978-7-301-29055-2
出版发行	北京大学出版社
地　　址	北京市海淀区成府路 205 号　100871
网　　址	http://www.pup.cn　新浪微博:@北京大学出版社
电子信箱	pkuwsz@126.com
电　　话	邮购部 62752015　发行部 62750672　编辑部 62750577
印刷者	北京中科印刷有限公司
经销者	新华书店
	650 毫米 ×980 毫米　A5　7.5 印张　150 千字 2018 年 3 月第 1 版　2018 年 3 月第 1 次印刷
定　　价	45.00 元

未经许可，不得以任何方式复制或抄袭本书之部分或全部内容。
版权所有，侵权必究
举报电话: 010-62752024　电子信箱: fd@pup.pku.edu.cn
图书如有印装质量问题，请与出版部联系，电话: 010-62756370

尘 世 的 惶 恐 与 安 慰

目 录

黑衣之王
——解读伯格曼的《第七封印》/ 1

　一　死神 / 3

　二　虚无 / 8

　三　荒谬 / 14

　四　生活 / 19

　五　魔鬼 / 24

　六　黎明 / 32

微若尼卡的第三重生命
——基督教世界中的看与听 / 43

　一　第三个微若尼卡 / 45

　二　在凝视中倾听 / 51

尘世的惶恐与安慰
Agonies and Consolations in This Life

三　哀矜者福 / 58

四　偷窥与窃听 / 67

五　苍白的面与喑哑的歌 / 70

六　小人儿 / 78

生的悲剧，死的喜剧 / 93

一　罗马的哀歌与佛罗伦萨的欢笑 / 95

二　以自杀对抗自杀 / 107

三　英国病 / 116

四　黑铁时代的美德 / 126

五　夜莺 / 138

六　死与生 / 154

目录

属灵的劬劳
　　——莫尼卡与奥古斯丁的生命交响曲 / 161

一　于汝安乎 / 163

二　两次葬礼之间 / 167

三　邻人之爱 / 171

四　聆听天籁 / 176

五　大音希声 / 182

六　生活是一场试探 / 194

七　尘世中的圣母 / 201

八　丧尽其哀 / 210

后　记 / 223
附　识 / 233

黑衣之王

——解读伯格曼的《第七封印》

在海边的黎明,死神找到了布洛克。这是他们的第一次见面。布洛克自称他并不恐惧,挺着战栗的身体去迎接死神。面对铁面无情的死神,布洛克提出下一盘棋。如果他赢了,死神就放过他;即使他赢不了,也要等分出胜负,死神再取他的性命。

一　死神

在一个昏暗寂静的小教堂里,圣像画上的圣徒表情木讷阴冷,十字架上的耶稣眼睛朝上,看也不看跪在他脚下的人,那扭曲的表情说明他根本无法忍受自己的痛苦,遑论拯救别人。人们唯一能感到的生气,似乎是天顶的壁画里或隐或现的眼睛,正在为魔鬼窥探着人间的悲惨。

孤独而渺小的人徘徊在这毫无安全感的神圣之所。他的死亡即将来临,他的灵魂却飘忽不定。他希望抓住任何一个机会询问关于上帝和永恒的消息。但这教堂里没有一双眼睛在注意他,没有一双耳朵准备倾听他。他游目四顾,四周除了寂静,只有冷漠的钟声。但那边忽然传来轻微的声响,他立即走了过去。隔着护栏,他隐隐看到个黑色的身影。他急不可耐地走过去告解,因为那个人待在倾听教徒们作告解的位置,应当是个神职人员,应该是上帝和人之间的中介,是上帝在凡人当中的代言人,甚至可能就是上帝的化身。然而,他在毫无保留地说出了自己最隐秘的困惑和处境之后,却发现那是死神。

尘世的惶恐与安慰
Agonies and Consolations in This Life

死神为什么会混进教堂里来？在这属于上帝的领地中，会有他的位置吗？他怎么可能那么轻易地欺骗上帝的门徒？或许这本来就是死神的地方？人们认为在教堂里可以感到安全，以为在这里可以摆脱死亡的毒钩，这本来就是自欺欺人的妄言。死亡恰恰是在这最不设防的地方，俘获人们的灵魂？那么，死神待在那个地方代表上帝，就是再合适不过了。难道上帝会由死亡来代表吗？还有什么比这更可怕的？保罗不是说，上帝就是要帮人战胜死亡吗？如果死亡就是上帝，或者至少和上帝是一伙的，那人类还有什么希望？

这是伯格曼的《第七封印》中，最核心也最耐人寻味的一个场景。骑士安东尼斯·布洛克在教堂里竟然向死神忏悔，却被死神刺探到了他的策略。

那是14世纪的瑞典，年轻气盛的布洛克新婚燕尔，在他的城堡里与妻子凯琳享受着充满快乐的生活。但一个名叫雷夫的神学生却鼓动他为了上帝的荣耀去参加十字军。充满宗教情怀的布洛克不顾妻子的反对，带着他的护卫琼斯去了巴勒斯坦。

当布洛克和琼斯再次踏上瑞典的土地时，他们的脸上都已满是沧桑，而他们的祖国也正挣扎在黑死病的蹂躏之下。布洛克一身疲惫，虽然仍然充满了宗教情怀，却问出了一个基督徒最不该问的问题：到底有没有上帝？这个问题不断折磨着他的灵魂，使他面对生活怅然若失，面对死亡更是犹豫不决。琼斯也进入了中年，成长为一个坚毅的战士。他和布洛克一样，在巴勒斯坦经历了各种艰难困苦。对战争的失望使他早已抛弃了对上帝的幻想。琼斯变成了一个愤世嫉俗的现实主义者。他行侠仗义、爱憎分明，不再相信什么宗教宣传。显然，他的心情比布洛克开朗得多。

徒劳无功但又旷日持久的十字军战争，蔓延欧洲的黑死病，四处散播的各种谣言，使人们无法看到上帝的慈悲，却深深体会着生活的痛苦和虚无，于是纷纷猜测末日审判即将来临。布洛克和琼斯对此作出了两种不同的反应。布洛克坚信上帝应该存在，只是不知道他究竟在哪里，究竟怎样和这尘世生活发生关系，即，他如何显现出他的正义和爱。但琼斯已经不再关心这些。他知道，上帝无法给人正义，教士们的胡说八道已经无法让现代的人们满足——伯格曼在此处一定是有意用了"现代"这个词。既然如此，人们也没有必要空等一个虚幻的应许，更不必为了这个应许的不能实现而自寻烦恼，还不如自己去寻求正义。但人真的能找到正义吗？

在黎明的海边，死神找到了布洛克。这是他们的第一次见面。布洛克自称他并不恐惧，挺着战栗的身体去迎接死神。面对毫无表情的死神，布洛克提出下一盘棋。如果他赢了，死神就放过他；即使他赢不了，也要等分出胜负，死神再取他的性命。

布洛克之所以提出这个要求，是因为他在图画和歌谣中知道死神喜欢下棋。正是在影片所设置的中世纪后期，与死神相关的一系列形象进入了欧洲的艺术当中。或许正是由于黑死病的流行，加上人们对《启示录》的阅读，活人与死人相遇、死者之舞、死神之舞等主题纷

尘世的惶恐与安慰
Agonies and Consolations in This Life

面对面无表情的死神,布洛克提出下一盘棋

纷出现在教堂壁画和木刻中。而与死神下棋的形象也应运而生。从欧洲人学会下象棋开始,象棋就被赋予了丰富的象征意义。棋盘上的无穷变化,象征着人生的沉浮不定。在壁画中,人们往往会和命运之神或死神下棋。与死神下棋,其流行程度逐渐超过了"死神之舞"。教士甚至把这个形象运用到了他们的传道当中,以提醒人们生命是短暂的,要记住每个人都是会死的。

在《第七封印》中,这两个意象都曾出现过。当布洛克在教堂里向死神忏悔的时候,琼斯正在和教堂走廊上的画师讨论画上的主题。

那个画师在教堂的墙壁上画了死亡之舞、黑死病流行，以及忏悔者的相互鞭打。他说，他的目的是要提醒人们：他们终究是要死的。不久之后，画上的场景就出现在了人们的面前。在尘土飞扬之中，一群身着黑衣的多明我教士抬着那个眼睛向上的耶稣像走在前面，一群相互鞭打的老百姓走在后面。一个多明我教士停下来向人们布道，以死神的威胁来提醒大家也许死亡马上就到。而艾尔辛诺（Elsinore，哈姆雷特所在的那个地方就是这个名字，不知伯格曼是否有意用这个地名）的教士正准备花钱请剧团去演死神的戏。在当时的宗教生活中，也许死神确实是真正的主角。

对于身为骑士的布洛克而言，与死神对弈却有着更深层的含义。象棋被列为欧洲骑士必须学的"七艺"之一。在此，与死神下棋不仅象征了命运的多变，而且代表了勇敢的美德。若从这个角度理解，布洛克说他并不真的害怕，也并不是没有道理。死神之所以接受了布洛克下棋的建议，是因为那并不是在有意拖延时间，而是骑士面对死亡的一种勇敢姿态。死神理应接受这个挑战。

在各种艺术作品中，死神曾经和帝王将相、贵妇淑女下棋。但无论是和谁下棋，最后赢的一定是死神，因为人终究是要死的。因此，布洛克根本没有被放过的机会。在海边，布洛克没有输给死神，甚至还准备下次以智取赢回一个回合。假扮神父的死神刺探到了他的这个计策，后来更利用布洛克分神的时候使他陷入绝境，看上去虽然有点胜之不武，但既然一切都在他的控制之下，没有任何人和任何秘密能够逃过他，布洛克的输棋只是迟早的事。无论他与死神对弈的举动多么勇敢，也无论他的棋艺有多么精湛，这不过是在拖延时间。

伯格曼在设置骑士与死神下棋这一情节的时候，无疑参考了大量关于中世纪的文献，力图表现历史的真实感。不过，他毕竟不是历史学家，他把中世纪的这些意象运用到电影中，并不仅仅是为了提醒人们死亡指日可待，更不只是为了表现骑士的勇敢。虽然死神步步紧逼，但布洛克真正的敌人并不是死亡，而是虚无。

二 虚无

布洛克在教堂里第二次见到死神的时候，离他们的第一次对弈刚过去半天。或许正是因为意识到自己已经时日无多，布洛克希望找个人来倾诉，以解心中的谜团。所以，尽管对面的黑衣人没有任何反应，他还是一直说下去：

> 我想尽可能坦诚地对你说话，但我的心是空的。（死神沉默）那空虚就如同一面镜子，照到我自己的脸上来。我在里面看到了自己，我充满了恐惧和厌恶。（死神沉默）由于我对我的同伴们漠然视之，我摆脱了他们。现在，我待在一个充满幻象的世界里。我被囚禁在自己的迷梦和幻想当中。

死神终于开口说话，问布洛克："但是你还不愿意死。"布洛克的回答或许令他惊诧："我愿意。"死神追着问："那你还等什么？"布洛克说："我要知识。"死神说："你要保证？"布洛克说："随你怎么叫它。要用感觉把握上帝就这么不可想象吗？他为什么把自己隐藏在含糊的应许和看不见的神迹当中？"死神又一次陷入沉默。

我们无法知道布洛克和死神在棋盘上厮杀的战况，但这几句对白也算得上棋逢对手。布洛克也许并没有找错人。还有哪个神父有本事和他这样说话，从而让他倾诉那么多？他这时诠释了他初见死神时所引的"我的身体恐惧，但我不"那句《圣经》原文。他真的不是因为怕死而拖延时间，而是为了解决自己心中的困惑。他只想在死去之前确证上帝的存在。虽然他从未真正怀疑过这一点，但现实的悲惨和人生的虚无使他无法感到上帝的存在。他随后的一段话把这意思说得更清楚："如果我们连自己都不相信，我们怎么相信那些有信仰的人？我们这些愿意相信但又无力相信的人会怎么样？那些既不愿意相信也无力相信的人又会怎么样？"

就在布洛克说这两句话时，镜头切到了耶稣像的脸上。这个耶稣同样满脸恐惧和厌恶，他的眼中似乎也只有虚无。布洛克希望得到一个答案，于是停下来等着对方说话，但对方仍然在沉默。整个教堂再次陷入了完全的寂静当中。布洛克终于打破沉默说：

我为什么不能杀死我心中的上帝？虽然我在诅咒他，想把

尘世的惶恐与安慰
Agonies and Consolations in This Life

他从我的心里扯出来,但他为什么还是以这么痛苦和卑微的方式待在里面?不论怎样,为什么他都是一个嘲讽的现实,我无法甩掉?

本来正在受辱被嘲讽的耶稣而今竟然在嘲讽他要拯救的世人。布洛克的这段话似乎告诉了我们他的虚无感的根源。如果根本就没有上帝,或者像琼斯那样不在乎上帝,也许就不会有这么多的烦扰。但这个自寻烦恼的人偏偏笃信上帝的存在,时刻想把握那个虚无缥缈的幻象。等到他无法把握上帝的时候,他就想杀死上帝,把他从自己的心中赶出去。但他根本无法做到。上帝成了一个永远悬在那里的现实,无法把握,但也不可能忘掉。正是这种尴尬的处境使布洛克怅然若失,陷入虚无当中。

于是他说:"我想要知识,而不是信仰,不是假设,只要知识。我要上帝向我伸出手来,显出他的脸,对我说话。"死神意味深长地说:"但他还是沉默。"布洛克说:"我在黑暗中向他大喊,但他看上去并不在。"死神说:"也许他本来就不在。"

布洛克想当然地认为,死神应该知道上帝是否存在,或至少应该比人更了解上帝。在他们胜负已分的时候,他期待死神把他知道的向人讲出来,但死神说他并没有什么秘密。而在这时,死神究竟是在告诉布洛克上帝并不存在,还是他也不知道上帝是否存在,于是和布洛克一起猜测这个问题的答案?无论是哪种情况,其结果都是令人恐惧

骑士逼视着死神,死神躲躲闪闪地遮着自己的脸,说话吞吞吐吐。

的;无论是神父还是死神说出这句话,也都是令人吃惊的。

正是死神的这句话迫使布洛克总结出:"那么,生活就是一场无意义的恐惧。没有人可以面对着死亡活下去,而又知道一切都是虚无。"如果上帝根本就不存在,这个世界本来就没有秩序,一切都没有意义,那么人生的恐惧将无休无止,而且得不到一个解释或回报。布洛克最怕的确实不是死亡,而是虚无,或者上帝的不存在。他不甘心就这样死去,在浑浑噩噩的虚无中度过一生,然后浑浑噩噩地离开。在他的思考体系里,是不允许上帝不存在的;但他又无法找到上帝存在的证据。难道死亡能给他这个证据吗?

尘世的惶恐与安慰
Agonies and Consolations in This Life

死神说:"但多数人从不反思死亡和生活的虚无。"布洛克却说:"但总有一天,他们要站在生命的最后关头,将目光投向黑暗。"似乎只有想得过多的人才会思考这个问题,但布洛克指出,死亡的逼视将使每个人不得不面对这个问题。可就在他说这句话时,布洛克却在逼视着死神,而死神则躲躲闪闪地遮着自己的脸,说话吞吞吐吐:"啊,那一天……"这一场景把死神与人的关系完全颠倒了过来,布洛克似乎占了上风。

不过,死神最清楚他对人的意义。他那句话里说的"死亡和生活的虚无",似乎有意在暗示布洛克,死亡和虚无未必是一回事。如果人们终将死去,而且不复醒来,生前的是非善恶一笔勾销,没有谁在死后算这笔账,是不是生活必然是虚无的,做好做坏都无所谓了呢?人们将目光投向的那死后的黑暗,是不是就是虚无呢?如果那含糊的应许和看不见的神迹都无法实现,人们是不是就活不下去了?

正是在布洛克的虚无感达到巅峰的时候,死神出现在了他的面前;或者说,是死神的出现使他的虚无感更加尖锐起来,从而不得不反思生活的意义。布洛克正站在生命的最后关头,与其说死亡给他带来了虚无,不如说恰恰是死亡使他逼着自己跳出虚无。他感到了生活中的恐怖,打断了死神的话,说:"我现在知道了,我们在恐惧中造了一个偶像,把它叫做上帝。"死神说:"你心神不定。"布洛克坦白,正是死神的出现使他陷入了焦虑:"今天早晨,死神造访了我。我们在一起下棋。这个延缓使我能安排一件紧急的事。""什么事?"布洛克说:

> 我的一生只有徒劳的追索，徘徊不定，满嘴空言，毫无意义。可我并不痛苦，也不自责，因为多数人的生活都差不多这样。但我要用这次暂缓做一件有意义的事。

死亡的来临使人悚然一惊，后悔庸庸碌碌度过的一生。但后悔往往为时已晚，因为没有时间再去修补。后来的斯卡特和雷夫在临死前都有这样的惊诧，但死神都不再给他们机会。或许正是因为如此，人们常常把死亡等同于虚无。但布洛克凭他的棋艺赢得了一个特权。布洛克的头脑足够清楚。他明明知道，死神是不可战胜的，他所做的不过是拖延时间。但拖延时间就够了，因为他并不想战胜死神，只想战胜虚无，那就是在虚无的一生的终点，要做一件有意义的事。[1]

死神在套出了布洛克的棋术以后，也露出了他那苍白的脸。布洛克先是愤怒，随即安静下来。他不会因此服输，因为他毕竟还有时间去做一件有意义的事，尽管他现在还不知道应该做什么。一道阳光射进了这座阴冷的教堂，照到了布洛克的手上，他的眼神明朗了起来："这是我的手，我能活动它，能感到血液在里面流淌。太阳还高高地挂在天上，而我，安东尼斯·布洛克，正在和死神下棋。"

---

[1] Arthur Gibson,《上帝的沉默》(*The Silence of God: Creative Response to the Films of Ingmar Bergman*, New York: Harper and Row), p.21.

三 荒谬

就在布洛克向死神告解的时候,他的护卫琼斯正在和画师谈论死亡之舞和瘟疫的壁画。画师拿出了杜松子酒,两个人都喝了不少。屋里屋外都在谈论死亡和尘世,但气氛迥然不同。屋里是扑朔迷离的告解与死神的圈套,屋外却是"一杯浊酒喜相逢"的推心置腹。醉醺醺的琼斯借用画师的工具为自己画了一幅肖像:"这就是护卫琼斯。他咧着嘴笑话死神,嘲弄地笑话上主,他也笑话自己,还色迷迷地笑话女孩。他的世界只为他自己存在,对所有人而言都是荒谬的,包括他自己。他于天堂无意义,于地狱无所谓。"

布洛克与琼斯一起参与了愚蠢的十字军东侵,都对战争的宗教理由感到失望。这种失望使布洛克看到了虚无,但琼斯却看到了荒谬。在琼斯眼里,上帝的荣耀给他们带来的,是"毒蛇和苍蝇的叮咬,野蛮人的屠杀,烈酒的毒害,女人带来的虱子的传染,热病的侵蚀"。琼斯和画师说到这里,都划了个十字,然后心照不宣地大笑起来。他在对自己的评价里说,现在的琼斯满是笑容,只不过这笑容里更多是对无处不在的荒谬的嘲讽。正像他说的:"无论我们朝哪边转,屁股都在我们后面。"

琼斯没有像布洛克那样生活在幻象中,所以他也看不见死神。他在面对死神的作品时,也往往能用笑声评价这荒谬的世界。就像他在

黑衣之王

与死亡的这个照面吓了琼斯一跳

尘世的惶恐与安慰
Agonies and Consolations in This Life

自己写的歌谣里唱的:"伟大的上帝高高在上,遥不可及,而魔鬼却是你的兄弟,你随处可以见到他。"就在他大谈世界末日的征兆时,琼斯和布洛克看到了路边坐着一个人,身边还趴着一条狗。琼斯下马前去问路,但那人毫无反应。他就去摇晃那人的肩膀,那人的脸赫然出现在了他面前:他用黑洞洞的眼眶瞪着琼斯,还有白森森的牙齿——一具尸体。与死亡的这个照面吓了琼斯一跳,但他马上恢复了镇静,重新上马。布洛克问他:"他告诉你路了吗?"琼斯说:"没有。""那他说什么?""什么也没说。""他是个哑巴吗?""不是,大人。他其实有相当雄辩的口才。""是吗?""他确实很雄辩。只是他所说的太令人压抑了。"这压抑的结果,是琼斯的又一首歌:"命运是坏蛋,而你是他可怜的牺牲品。刚刚还喜笑颜开,现在就与蛆虫一起蠕动。"

死亡使琼斯也在重新思考世界的意义,但他没有在失去对上帝的信念后怅然若失。他始终牢牢把握着自己的理性和勇气。在剧本中,上面那首新歌是琼斯在看到那具尸体之后唱的,但在电影里,伯格曼却把它插到了主仆二人出了教堂之后的路上。歌声未落,他马上要看到又一件荒谬的事。

琼斯为讨水进了一间农舍。屋里没有人声,地上却趴着一个农妇的尸体。琼斯忽然听到脚步声,于是藏在了门后。有人鬼鬼祟祟地进来,手里拿着一个布袋。他在屋里搜寻一遍之后,从死尸的手臂上扒下一个银手镯,一抬头,发现门口有一个女孩正盯着自己。就在他要伤害那女孩的时候,琼斯现身了。他认出来,这个小偷正是当年鼓动布洛克参加十字军的神学生雷夫:"见到你,我突然明白这十年虚耗的时光了。我们过得太安逸了,对自己太满意了。上主想要打击我们的骄傲,所以他派你来泼出你那神圣的毒药,毒害我主人的头脑。"琼斯将雷夫按倒在地。要不是旁边的女孩的尖叫,雷夫早已没命了。

琼斯讽刺雷夫是"奇异博士,天堂的和魔鬼的"(*Dr. Mirabilis, Coelestis et Diabilis*)。一个人,竟然既代表天堂,也代表魔鬼。就因为他的一句话,主仆二人就虚耗了十年光阴。这个博士,或许就是他和画师所说的"真正的理想主义者",而今已沦落为小偷。没有哪件事比这更荒谬了。尽管琼斯见过那么多荒谬的事,还是难以接受这个现实。他只能把这事理解为,上帝为了打击人的骄傲,通过这个坏蛋来磨炼人。所以他的鼓动虽然披着神圣的光芒,其实却是毒药。

雷夫的出现使琼斯更明确了他对待荒谬的态度。现实虽然让他怀疑各种宗教说教,但他毕竟没有否定上帝。而今他认为,那些以上帝代言人自居的人们,或许正是魔鬼的化身。上帝派他们来不是因为他们能代表自己,而是为了磨炼人的意志和判断力。因此,只有靠人自己的甄别,上帝的正义才会显明。在这荒谬的尘世,人只有靠自己的反抗和努力才能称义。

面对新结识的女孩,琼斯又给出了一个自我评价:"我叫琼斯。我是个快乐的年轻人,满脑子都是善良的念头,做的都是光明正大的事。"这个快乐而勇敢的青年无疑有着无穷的魅力。女孩从此加入了布洛克和琼斯一行当中。

尘世的惶恐与安慰
Agonies and Consolations in This Life

琼斯无论走到哪里都不忘行侠仗义。在小酒馆里，他解救了正遭雷夫等人戏弄的演员约夫，并再次惩罚了那个"奇异博士"。而面对戴了绿帽子的铁匠普洛格，他也毫不犹豫地出手相助。

普洛格也遇到了一件极为荒谬但又司空见惯的事。小剧团正在上演一个妻子与情人偷情的故事。约夫扮演郁郁寡欢的丈夫，米娅演妻子，斯卡特则演那个情人。现实中的约夫和米娅是再恩爱不过的夫妻，英俊的斯卡特根本不可能插足。但舞台上不可能发生的事却在现实中出现了。普洛格的漂亮老婆丽莎被斯卡特迷住了。在约夫和米娅的伴奏中，丽莎用两根鸡腿把他引诱到了草地上。而就在这时，远处响起了庄严的圣歌，那个忏悔的队伍走了过来。

戏演完了，教堂的队伍也过去了。约夫的抑郁转移到了普洛格身上。他明明知道丽莎被斯卡特拐跑了，却不知道去哪里寻找。没有人真正帮他，他的熟人都只会嘲笑他。还是琼斯愿意和独自坐在酒馆里的普洛格喝杯酒聊一聊。"有了她是地狱，没了她也是地狱"，无论那个负心女子多么可恶，铁匠都无法因为终于摆脱掉了她而轻松起来。尽管爱不过是"欲望、欺骗和谎言"，普洛格还是痛苦不堪。有什么比苦苦依恋一个终究会伤害自己的负担更荒谬的事？然而"爱是所有瘟疫中最黑暗的一种"，人们一旦爱上就会愈陷愈深。琼斯总结说："在这个不完美的世界上，如果一切都是不完美的，爱就是最完美的，因为它的不完美达到了完美的程度。"

就像面对任何荒谬的事的时候一样，琼斯对痛苦中的铁匠无可奈何，但还是慷慨答应带着他穿越森林。虽然普洛格的抱怨和软弱只能让他心烦，丽莎的水性杨花也让他没有任何好感，但在这荒谬的世界中，他还是只能让这对冤家以他们荒谬的方式去成就不可能的幸福。

四 生活

琼斯穿梭于人间百态之中，不断地解救可怜人加入他们的队伍。对琼斯的行侠仗义，布洛克似乎从不过问。布洛克也不怎么关心他带来的这几个人，一路上几乎没有和他们说话。

不过，布洛克自己也把一家人招进了自己的队伍，那就是约夫、米娅和他们的儿子米迦。当约夫在小酒馆里被雷夫和普洛格羞辱的时候，米娅正带着米迦在草地上玩耍。布洛克在他们不远处布上棋盘，等待着死神。他向这对快乐的母子打招呼，和他们攀谈起来。米娅看出骑士并不快乐，问他为什么。骑士说："我有个讨厌的伴侣。"米娅以为他是说护卫，观众或许以为他是说死神。但布洛克说，那就是他自己。米娅说她明白骑士的意思。她以为，骑士之所以不快乐，就是因为他太孤独了。这时，他们的谈话被跑回来的约夫打断了。

约夫和琼斯都来到草地上，米娅摘来一大盆野草莓。几个人坐在夕阳下，一边聊天，一边听着约夫弹琴唱歌。布洛克提出，约夫

尘世的惶恐与安慰
Agonies and Consolations in This Life

夫妇不必去艾尔辛诺,还不如去他的城堡。米娅又继续着原来的话题,对骑士说:"当一个人变成两个的时候,总会更好些。"布洛克回忆起了他和妻子在一起的美好时光。但话锋一转,他又想到了自己的问题:"信仰是一种折磨,你知道吗?那就像爱黑暗中的一个人,但无论你怎么叫他,他都不回答。"米娅听不懂他这些稀奇古怪的话,但骑士笑着说:"但同你和你丈夫在一起,这些都显得多么不真实!一切突然都变得不重要了。"他的表情不再那么严肃,接过米娅手中的碗,喝下碗里的奶,说:

> 我会记住这一刻的安宁,这些草莓,这碗奶,你们在夕阳下的脸,熟睡的米迦,弹琴的约夫。我会记住我们所说的话。我要双手捧着这记忆,就像捧着装满鲜奶的碗一样小心翼翼。对于我,这将是一个标志,让我足够满足了。

究竟是什么使布洛克好像从虚无的笼罩下挣脱出来了呢?难道几个小时的聊天真的能让他解决追索了一生的问题,使他能够安心地死去?难道这就是他要做的那件有意义的事?

说完这些,布洛克站起身来,走向那个棋盘。死神已等候多时了。这是布洛克和死神的第三次见面。他既不像第一次见面那样害怕,也不像第二次见面那样忧虑,而是满身轻松,谈笑风生,弄得死神很是惊讶。在这不知何所由来的兴奋面前,死神有些缚手缚脚。他

黑衣之王

"对于我,这将是一个标志,让我足够满足了。"

根据偷听来的布洛克的战术，抢先吃掉了他的马，谁知却落入了骑士布下的圈套，骑士要将他的军了。但死神不忙着去救，他更感兴趣的是，布洛克为什么那么笑逐颜开、成竹在胸。布洛克说："我们的游戏让我很快乐。"面对不紧不慢的对手，死神有些着急了："快一点，我要赶时间。"但布洛克还是泰然自若地说："我知道你有很多事要做，但我们的游戏必须按照它自己的速度进行。"死神换了个话题，问他是不是要带着约夫一家穿越森林。这一问让布洛克收敛了笑容。其实，死神知道他的全部秘密，什么也瞒不过他。正在兴头上的骑士好像又被死神听去了一招。

草地上的这一场无疑是骑士情绪最高昂的时候。之所以如此，未必是因为约夫一家多么与众不同，而是那朴素但平静的生活是最真实的，和他一生虚无的追求形成鲜明的对照。虽然约夫不断看到神奇的幻象，但这一家人从来不追求那些虚无缥缈的东西。夫妻之间虽然经常吵架，但时时处处都透着恩爱与快乐。米娅根本听不懂骑士的那些话，更无法回答他上帝究竟在哪里，但她的热情却给骑士带来了极大的信心。如果说骑士找到了一招什么棋来将死神的军，那就是这最普通但真实的家庭生活。

对布洛克而言，虚无，就是相信上帝存在但又看不见上帝的状态，也就是生活中的善恶好坏都没有根据、没有着落的状态。对布洛克和琼斯而言，最大的虚无就是那充满神圣光荣的十字军东侵的幻灭。以上帝的名义发动的、以夺回圣地为目的的战争，为什么会化为一场虚幻呢？如果上帝真的存在，他为什么会允许这样一个结局？如果连上帝的荣耀都会变成虚假的，还有什么不是虚无？布洛克和琼斯无法承受这样的结果，都想重新寻求生活的意义。琼斯通过自己的行动去创造正义，不再以上帝，而是以自己为行动的主体。但布洛克做不到这一点，因为他坚信上帝的存在和他对人类的慈爱，知道上帝还是会主动关心人类的。如果上帝是肯定存在的，那么，造成虚无的就不应该是上帝，而是人。只有让人改变自己的行为，才能重新找回上帝在世界中显明的意义。尽管布洛克号称要杀死自己心中的上帝，尽管他抱怨上帝不肯向他启示，他早已深刻地意识到，也许真正的责任是在自己一方。是他追求的目标的错误，才导致了无法找到真正的上帝。他必须重新确定目标，在世界中听到一个有意义的声音，从中看到上帝的面容。

约夫一家的幸福正是这样的声音。驱除虚无最有效的力量，就是人间确确实实的快乐和幸福。十字军尽管借着上帝的名义，但那是一个巨大的泡影。约夫一家虽然不谈上帝的什么光荣，但他们过的是真实的日子。虽然整个社会沉浸在教士的虚伪当中，整个欧洲陷入瘟疫的恐慌之中，人们相互猜忌，到处弥漫着欺骗、偷窃、背叛、奸淫，约夫和米娅却仍然能够乐在其中。如果有谁能以自己的生活战胜这些灾难，那就是生活最大的意义。在基督徒布洛克看来，这就是上帝存在的最好证明。

面对世界的虚无和荒谬，布洛克和琼斯都诉诸人间之爱来重建生活秩序。对于更冷峻的琼斯而言，根本就不存在完美和纯粹的人间之爱，但这不完美的爱或许还是能帮助人在荒谬的世界上找到生活的一种意义。铁匠与丽莎的爱就体现了他的这种不可能完美的生活理想。但布洛克则不同。在他看来，上帝的正义一定会在某个地方显现出来，只是他先前找错了地方。而今，在约夫与米娅其乐融融的小家庭里，他就看到了上帝的微笑。两人相比，虽然琼斯的生活态度看上去更积极，但布洛克眼中的世界其实更明朗一些。琼斯不会因为普洛格和丽莎的爱而惊喜，正像他不会得到死神的造访；但只有死神的造访才会让布洛克去这样探索，才能在这平常的小家庭中看到拯救的希望。

布洛克不再彷徨，他慢慢变得坚毅起来，要在穿越森林的旅行中继续证成生活的意义。不过，也许还是琼斯看到的更符合生活的现实，骑士真的就此解决了他的问题吗？

五　魔鬼

据说，那座森林里常有强盗、野兽和幽灵出没，所以人们往往不敢只身进出。现在，骑士一行人又选择了夜晚穿行。他们似乎注定要经历黑暗、恐惧和死亡。

幽黑的森林里，除了脚步、马蹄、几个人的呼吸，没有一点声响。在这令人绝望的黑暗中,人们或许都在等待一丝光。一轮圆月终于缓缓地从黑云中露了出来,增加了一点生气。但当晚的月亮却显得极为诡异,不仅没有削弱,反倒增添了恐怖。月光穿过浓密的叶子,和树影一起洒在人们的身上。

铁匠毫无喜悦感地盯着惨白的月亮:"月亮从云彩后面出来了。"琼斯似乎想安慰一下大家:"好。我们看得清路了。"米娅却拒绝这种安慰:"我不喜欢今晚的月亮。"树木在月光之下显得更加安静,约夫说:"那些树真静啊。"琼斯仍然想给一个解释:"那是因为没有风。"铁匠纠正他:"他是说,树静得太离奇了。"约夫说清了他的意思:"一点声音也没有。"琼斯假装的无所畏惧也被打破了:"哪怕能听到狐狸的声音。"约夫:"或者猫头鹰。"琼斯:"或者我们之外的别人的声音……"

琼斯的话音未落,他们果真听到了别人的声音,而且不止一个人,还伴以车轮和马蹄的响声。远远的,八个士兵押着一辆囚车走了过来。囚车上面坐着的,就是布洛克和琼斯在教堂门口曾经看到的女巫,那个叫逖颜的女孩。女孩正死死地盯着那轮惨白的月亮。囚车上除了逖颜,还坐着一个黑衣人,好像是一个教士,但完全看不到他的脸。

士兵们虽然是要处决一个才十四岁的女孩,但看上去,他们比那个女孩更加害怕。本来这完全是个自愿的活,但只有付钱,这八个勇士才肯来。而且,他们一直都战战兢兢的,因为女孩身上带着魔鬼。女孩也认为自己在魔鬼的保护下很强大,以为没有人能伤害她,甚至不肯承认自己已经被折磨得奄奄一息了。在整部电影中，逖颜是最自信、精神最强大的一个人，而给她带来这力量的是魔鬼。

吉布森（Arthur Gibson）认为，逖颜是因为无法忍受生活中的空虚和无聊，所以试图从魔鬼那里寻求意义。[1] 魔鬼为她带来的力量比上帝给骑士带来的力量强大得多、真实得多。骑士坚信上帝的存在，但是无论怎么寻找上帝也见不到他，无法感觉到他的存在；可是逖颜谈到魔鬼时说："他随处和我在一起。只要我伸出手去，我就可以摸到他的手。哪怕现在，他也和我在一起。火不会伤害我。他可以保护我不受任何坏事的伤害。"

在布洛克和琼斯的两种办法之外，逖颜找到了第三种，那就是借助魔鬼来保护自己。如果上帝永远都不现身，世界上不仅充满了不公、邪恶和虚无，而且上帝之言被到处滥用，成为虚伪的旗帜，与其这样，那还不如彻底地认同邪恶，与魔鬼一起颠覆世界，这样也可以摆脱虚无与伪善，寻找到生活的意义。在没有上帝的世界上，魔鬼成为寻求意义、证成自由的最好伙伴。

由于对十字军的失望而怀疑上帝的布洛克，真的在逖颜这里找到了共鸣。他不仅对这个女孩充满同情，而且希望她能帮助自己找到上帝。他向逖颜走过去，向她询问关于魔鬼的事，而且强调，这并不是

---

[1] Arthur Gibson,《上帝的沉默》(*The Silence of God: Creative Response to the Films of Ingmar Bergman*, New York: Harper and Row), p.21.

出于好奇，而是出于非常个人的原因。他认真地说："我也想见见他。"原因是："我要向他问起上帝。他一定知道，否则就不会有谁知道了。"魔鬼为什么一定知道上帝的事？一个是至善，一个是至恶，没有哪两者比他们之间的距离更远了。通过魔鬼寻找上帝，这不是南辕北辙吗？

上帝与魔鬼虽然有天渊之别，但他们都有一个共同的特点：拒绝虚无。而布洛克和逊颜面临的问题都是虚无。如果无法通过上帝找到一条拒绝虚无的路，魔鬼也有可能帮人走出虚无。既然走出了虚无，再以善的方式寻求上帝，也许就有更大的可能？歌德笔下的浮士德，正是以这种方式战胜虚无、找到上帝的。此时的布洛克，也要尝试一下浮士德的做法。只不过，这种做法极为危险，所以马洛笔下的浮士德，就没有找到上帝，而是被魔鬼彻底毁掉了。

布洛克真诚地向逊颜求助，逊颜也真心帮助这个和她一样身陷虚无的尘世的人，于是让他往自己的眼睛里面看："你看到了什么？你看到他了吗？"布洛克诚实地说："我看到了恐惧，没有别的。"逊颜对布洛克的回答很失望，又采用了另外一个办法："他不是在你身后吗？"布洛克猛然回头，却谁也没有看到。

逊颜讲起魔鬼给自己的保护，布洛克反复问她一点："他这么说了吗？"逊颜可能确实没有听到过魔鬼这么说，她只能说："我就是知道，我就是知道。"她非常肯定魔鬼的存在："你也一定能看到他。教士们能看到他，士兵们也能。他们那么害怕，以至于不敢碰我。"

在骑士看来，逊颜所谓的"知道"并不是他想要的那种保证。可

尘世的惶恐与安慰
Agonies and Consolations in This Life

是逡颜却仍然那么坚定。也许她是对的，教士和士兵们之所以那么怕她，或许真的是因为他们也看到了逡颜身边的魔鬼。但布洛克为什么就看不到呢？

布洛克看不到魔鬼，既不会因为魔鬼而强大，也不会因为魔鬼而恐惧。但他能看到逡颜旁边的那个黑衣人。他愤怒地前去质疑黑衣人为什么折磨那个孩子。黑衣人露出头来，赫然便是死神。

无论在约夫和米娅的歌曲中，还是在人们口头的说法中，"黑衣人"指的都是魔鬼。但骑士见到的黑衣人始终是死神。在他们下棋的时候，死神拿的也是黑子，而且他说："这不是很适合我吗？"在欧洲绘画传统中，死神大多被画成一副骨架，黑衣往往并不是他的标志。甚至在很多绘画当中，死神是穿白袍的。就连伍迪·艾伦戏仿《第七封印》的《爱与死》当中，死神也是一身白衣。可是在《第七封印》中，死神总是一身玄色，甚至教堂画师笔下的死神也是个身披黑衣的骨架。死神的这身装束，一方面可以使他混迹于黑衣的多明我会修士当中，更重要的一点也许是，使"黑衣人"的身份含混不清。

上帝是人见不到的，难道魔鬼就是那么容易见到的吗？当人们看到命运的无常、世事的不公、教会的伪善的时候，他们真的就离魔鬼那么近吗？布洛克和琼斯从来没有在这些当中看到魔鬼，但布洛克看到了黑衣的死神。在他眼里，死神虽然代表着绝对的否定和不存在，但他既不代表虚无，也不代表魔鬼，而是对好坏善恶的一概否定，是一个中性的终点。有人会把死神理解成虚无，有人会把他等同于魔鬼,但布洛克拒绝这样做。或许正是这一点,使他虽然总是看到黑衣人,但他永远也看不到魔鬼;但也恰恰是这一点,将善恶同时否定,也就更容易形成无法摆脱的虚无。所以在他看来,逊颜所谓的看到魔鬼,并不是通过魔鬼获得拯救,而是对虚无世界更深的恐惧。虚无而不自知,是在自欺欺人中陷入更深的虚无。

死神一身黑衣,面色苍白,表情凝重,是个高超的棋手。下棋使他愉悦,也使他表现出一丝幽默。但对于他自称的什么秘密也没有,人们却始终不肯相信。难道这个掌握着人类的全部秘密,什么事、什么人也不能逃过他的死神,真的既不是至善,也不是至恶吗?也许,他的话是最坦诚的。他真的既不是上帝,也不是魔鬼。上帝和魔鬼都是虚无缥缈的,只有死亡是最真实的,真实得让人恐惧。有人彻底认同了这恐惧,于是在他身上看到了至恶,有人希望战胜恐惧,于是想通过他看到至善。如果抱有这么大的希望但又无法找到至善,那就只能从他身上看到虚无。

琼斯和布洛克都不相信魔鬼能拯救逊颜。琼斯仍然继续着他的反抗逻辑:"我曾想过杀了那些士兵们,但她已经差不多要死了。"既然他的侠义精神不可能奏效,那就只能眼睁睁看着逊颜被折磨致死。

士兵们把魔鬼保护之下的逊颜绑在了梯子上,然后把梯子竖了起来。月光下的逊颜,眼睛睁得大大的,看着月亮,看着周围的人们,或许也看着面前的魔鬼。黑夜里点起来一堆火,这是远比月亮更加明亮的光,但也比月光更加恐怖。

尘世的惶恐与安慰
Agonies and Consolations in This Life

"她看到了什么？你能告诉我吗？"

琼斯问布洛克："她看到了什么？你能告诉我吗？"布洛克摇着头说："她感觉不到疼痛了。"不管他是因为逖颜刚刚吃下了他的止痛片而这么说，还是别有所指，琼斯都认为，这是答非所问："你没有回答我的问题。谁在看护着她？天使，上帝，魔鬼，或者仅仅是虚无？虚无，大人！"虽然布洛克否定这种说法，但也许这正是他的判断。逖颜拒绝上帝，而布洛克又看不到保护她的魔鬼。那还有谁来看护她？除了虚无还能是什么？

琼斯说："看着她的眼睛。她那可怜的脑子刚刚有所发现。月光中的虚无。"即使在逖颜镇定自若地看着骑士的时候，骑士从她眼睛里也没有看到魔鬼，而是看到一种虚无的、麻木的恐惧。而今，她那大大的眼睛把一切都坦白了。哪里有什么魔鬼，哪里有什么安慰？在场的人都能看明白这一点。虽然她刚刚吃下了使人麻木的药片，但她现在比任何时候都清醒。就像任何人在面对死亡的时候一样，一切自欺欺人的谎言都会被揭穿。唯一的现实，就是一个孤独的个体在面对无法克服的死亡。正如那些相信上帝的人在发现只有死亡是真实的时候会看到虚无，坚信魔鬼的人发现只有死亡的时候同样也看到了虚无。虚无带来的，是无法抑制的恐惧。

在这个场面面前，就连那么坚强、那么勇敢的琼斯都会掩面而去。骑士嘴里吸着冷气，匆匆上马，逃离了这可怖的行刑场面；米娅把头埋在约夫的怀里；跟随琼斯的女孩一边回头看着高处的邀颜，一边追赶队伍。那些士兵们木然地看着行刑架上的邀颜；一个教士徒劳地祈祷着。只有那囚车里的黑衣人，仍然稳稳地端坐在里面。

琼斯的总结或许是此时所有人的想法，甚至包括那些士兵的："我们无助地站着，双臂悬在两侧，因为我们看到的就是她看到的，她的恐惧就是我们的恐惧。可怜的孩子。我无法忍受这个了……"人们为什么感到如此可怕？当然不仅仅是出于同情的本能，而是因为，邀颜以最恐怖的形式把所有人面临的问题暴露了出来。本来精神力量最强大的女孩而今只剩一个遍体鳞伤的躯体在虚无的月光下抖动。没有魔鬼，没有上帝，只有端坐在囚车中的黑衣人。但如果连魔鬼都不可能帮人获得安宁，这黑衣人岂不是比魔鬼还要可怕？

面对唯一真实的死神，布洛克试图确证上帝的存在，但他看到的一直是虚无，只有与约夫一家的交往使他找到了一丝光明；面对荒谬的世道，琼斯以自己的力量维护人间不可能完美的善良和爱，但既然是不完美的，就总是有很多情况让他无能为力。他们两人费尽心思，也只能在悲惨的现实中找到一丁点可怜的希望。但逖颜一直在不妥协地和虚无作斗争，她认同了邪恶的魔鬼，拒绝了伪善的上帝。比起布洛克和琼斯来，她的办法最惨烈，但最有成效。可是如今，就连她的办法也失败了。整个世界都被虚无所笼罩。那么，布洛克和琼斯那本来就不怎么成功的办法，面对如此巨大的虚无，是不是也必将失败呢？

琼斯是社会革命家，布洛克是坚定而困惑的神学家，逖颜则是所谓"最虔敬的渎神者"。这是19、20世纪极有代表性的三种思潮，其所面临的问题，最终都和虚无有关，只不过是以不同的方式诠释和解决人类的现代处境。伯格曼天才地将这三种思潮投射到三个人物身上。而今，这三个人都面临着最大的挑战：彻底的虚无。

六　黎明

逖颜被烧死了，曾经扮演死神和假自杀的斯卡特从树上掉下来摔死了，雷夫因为瘟疫病死了。在这一夜的旅途中，死神可谓收获众多。死神在收拾了雷夫之后，又一次和骑士坐在了棋盘旁边。

这一次，骑士显得心事重重，和黄昏时的状态完全不同。月光把棋盘照得很明亮，死神兴致勃勃，骑士却完全提不起精神来。在他毫无防备的情况下，死神一上来就吃了他的王后。

布洛克确实没有把心思完全放在棋局上。在死神的背后，他看到约夫正在朝这边张望，随后悄悄地和米娅收拾行李。约夫发现了骑士和死神在下棋，为了不被死神抓住，他们赶着马车溜走了。

这对曾经给布洛克带来巨大希望的小夫妻，竟然私自逃走了，布洛克还有什么资本继续和死神下棋？或许他早就看出来，在死神的穷追不舍之下，自己已经阵脚大乱，完全没有可能挽回颓势。布洛克假装无意中用袖子扫乱了棋盘，说："我忘了棋子怎么放的了。"死神微微一笑："但我没忘。你别想这么轻易逃脱。"他把棋子一个一个摆回原来的位置，双方的局势赫然显现了出来。死神再走一步，骑士就要被将死了。他已经没有任何转圜的余地。布洛克看着约夫夫妇的马车匆匆离去，他们的这局棋也结束了。死神像朋友一样问他："你喜欢这段延缓吗？""喜欢。"死神说："那我很高兴。现在我要离开你。等下次我们再见面时，丧钟将为你和你的朋友们敲响。"布洛克仍然在关心他的上帝："那你将揭示你的秘密？"死神却平静地说："我没有秘密。""那么你什么也不知道？""我没有什么可以告诉你的。"

布洛克早已知道，死神什么都不能告诉他。他的这个问题，当然表明了他的恐慌。不过，他所说的喜欢这段延缓，也许自有其道

尘世的惶恐与安慰
Agonies and Consolations in This Life

理。毕竟,他想救出的那对小夫妻抓住机会逃命去了。能够暂时让他们脱离死神的掌握,对布洛克而言,也算是一件有意义的事了吧。而今,骑士和死神的棋下完了,他清楚地知道,现在只能静静地等待黎明和死亡。

就像这一夜几次发生过的事那样,当人们期待一件事发生的时候,那件事往往会带来更大的恐怖。眼看黑夜就要结束了,朝霞就该升起来了。但这个黎明却比黑夜更加恐怖。一道白光倏然闪现,带着死亡的气息,森林被照得更加可怖。正匆匆赶车的约夫安慰妻子说:"这是黎明时的雷电。"但这次米娅比总是看到神秘现象的约夫更坚决:"不是,这是一个可怕的东西。你没有听到森林里的吼声吗?""那只是雨声。""不,不是雨声。他看到我们了。他在追我们;他赶上我们了,朝我们这边来了。"约夫安慰她:"还没有,米娅;至少还没有。"一时间,狂风大作,雷电交加,乌云四合,马车在树根和石头之间碾轧旋转。马被吓得嘶鸣不断,马车停了下来,约夫和米娅钻进了车里。米娅在约夫的怀里冷得发抖,如同得了热病。约夫说:"那是死亡天使从天上飞过。他的身体可真大。"

我们不知道骑士一行人是怎么走出森林的。在下一个镜头中,我们看到他们在雷电轰鸣中走进了城堡。暴风雨似乎完全集中在了城堡上面,雷霆在奋力攻打着它。几个人暂时把恐怖关在了外面,里面静得出奇,但能感到生命的气息。

骑士走过了一间又一间的空屋,猛回头,却发现他的妻子凯琳正在壁炉前加木柴。她把手里的一块木柴扔进火里，擦擦手上的灰尘，微笑着轻轻走过来："我听说你往家来了，就等着你。别的人都逃避瘟疫去了。"看着呆呆的丈夫，凯琳说："你不认识我了吗？"两个人静静地相互微笑。凯琳说："你也变了。"她走近一点，看着布洛克的脸："现在我能看出来是你了。在你的眼睛里的某个地方，你脸上的某个地方，还有很多年前那个离开的男孩的样子，虽然是隐藏着的，被吓坏了。"布洛克说："现在结束了，我也累了。"十年未见的夫妻如同从来没有分开过，凯琳平静地对他说话，布洛克也轻轻地回答她。冰冷的城堡里温暖了起来。

凯琳为一行人准备了早餐，大家在桌边坐定，一边吃早餐，一边听她念《启示录》第八章："羔羊揭开第七封印的时候，天上的寂静约有半个小时。我看见那站在神面前的七位天使，有七枝号赐给他们……"[1]这时，人们听到三声沉重的敲门声，琼斯站起来去开门，凯琳念道："第一位天使吹号，就有雹子与火搀着血丢在地上；地的三分之一和树的三分之一被烧了，一切的青草也被烧了。"雨似乎停了，城堡中却流淌着吓人的寂静。人们都看向走廊。凯琳继续念着："第二位天使吹号，就有仿佛火烧着的大山扔在海中；海的三分之一变成血。"琼斯走了回来，布洛克问他："有人吗？"琼斯说："没有，大人。我没见到人。"他把火把丢在了壁炉里，坐了回去。凯琳继续

---

[1]《启示录》引自和合本《圣经》，笔者对译文略做改动。

念:"第三位天使吹号,就有烧着的大星,好像火把从天上落下来,落在江河的三分之一和众水的泉源上。这星名叫'茵陈'……"这时,众人都把目光投向门口,然后都站了起来。那里站着一个黑衣人,庄严肃穆,看着他们。

琼斯带来的女孩第一个走过去,泪流满面。已经和死神几回照面的骑士头一次充满敬意地招呼他:"早上好,高贵的大人(lord)。"女主人也礼貌地自我介绍:"我是凯琳,骑士的妻子,欢迎您光临寒舍。"铁匠不卑不亢地说:"我是个铁匠,还算干得不错,我自吹一句。这是我老婆丽莎——丽莎,向大人行礼呀——有点难对付吧,我们还刚刚吵过一次,但我们并不比大多数人差。"

骑士蒙住了脸,侧向一旁:"我们在黑暗中向你呼叫,主啊(Lord)!可怜我们吧,我们太渺小、太恐惧、太无知了。"这句话似乎是向死神说的,但侧向一边的他又似乎是在独自向上帝忏悔。此处大写的"主"(Lord)与前面小写的"大人"(lord)在声音中当然区分不出来。吉布森说,正如《约翰福音》中的上帝说"我就是生命",伯格曼笔下的上帝说:"我就是死亡。"[1] 在《第七封印》中,只有死神具有王者气象,只有死神掌管人间的一切,只有死神是真实存在的,众人都要向他屈膝。所以,骑士会在教堂中向他告解,会在最后的时刻在他面前忏悔。但这个上帝只是一个否定性的上帝,他只能否

---

[1] Gibson,前揭,第35页。

定人间的一切，否定所有可见的存在，而自身是无情的，缺乏基督教的上帝最根本的特点——至善。如果死神真的登基成为上帝，那就是虚无的世界中虚无的上帝。他不仅彻底摧折了人的骄傲，而且把人类一切美好的愿望和温情的希望统统消灭了。虽然他允许骑士在棋盘上和他较量、蔑视他，隐藏内心的恐惧，但在棋盘以外，骑士必须向他认输，必须毫无保留地暴露内心的软弱、罪恶和恐惧。如果骑士苦苦追寻的果真就是这个和他下棋的黑衣人，他的结局可能还不如逊颜。

琼斯则平静但坚决地说："据说你在那黑暗里，我们可能也都在那里……在那黑暗里，你找不到一个人来听你的呼叫，被你的痛苦所触动。洗掉你的泪水吧，把你的无情当镜子，在里面照照你自己吧。"琼斯和骑士在一起那么久，却一次都没有看到过和骑士下棋的死神。他听到了敲门声，为死神打开了门，却并没有看见死神。而今，他随着大家站起来，也许根本不清楚来者是谁，因而他是众人中唯一没有因为死神的到来而动容的一个。他说话的时候，完全是根据众人的反应作出了推测，因而，反而只有他最明白无误地把来者当成了上帝，甚至就是死在十字架上的耶稣基督。他憎恨这个上帝的无情，憎恨他对人类的折磨，认为这类折磨正是耶稣自己曾在十字架上所遭受的。他凭人的智慧和勇敢拒绝上帝的恩赐，坚持不仅要为受苦的人类，甚至为受苦的耶稣——就是小教堂的十字架上那个眼睛朝上的耶稣——伸张正义。他这种对上帝的拒绝，在某种意义上恰恰是对上帝的绝对肯定。

布洛克将手从脸上移开，明显作出祈祷的姿势，但也更加明确地朝向天上,而不朝向死神。他好像是在回应琼斯的话,也好像是在为琼斯祈祷,更好像是在澄清自己并没有把死神误以为是上帝:"上帝啊,你是在哪个地方的,你一定是在哪个地方的,可怜我们吧。"尽管死神的种种行为很容易让人以为他就是上帝,或者是上帝的代言人,但骑士还是明确拒绝了这种等同。他相信有一个上帝存在,这个上帝是至善和仁慈的,只是他并不知道上帝在哪里。他曾经因为人间的虚无而怀疑上帝的存在,但约夫一家的快乐和凯琳的爱使他恢复了这信念。虽然人间的爱并不是都靠得住的,或者说,这些并不能明确告诉他上帝在哪里,但他可以清楚地从中看到上帝的踪迹,清楚上帝一定是在哪个地方。对于弱小而无知的人来说,这已经是他们所能获得的最高的知识了。他之所以在死神面前说这番话,并不是因为他把死神当成了上帝,而只是因为这是他的最后时刻,他必须在这个时候坦白刚刚获得的知识。当然,也可以把这看做他下给死神的最后一招棋。他并没有因为输给了死神就丧失了自己的骄傲,反而恰恰是以向上帝的卑微祈祷来拒绝向死神投降。世界不是虚无的,死神并不是世界的真正主宰,这只是上帝的沉默,在上帝的沉默中,人可以凭自己的力量找回对上帝的信心。

琼斯不会因为布洛克的话而被说服。但他后面的话完全是对布洛克说的,我们从布洛克的表情也可以判断这一点:"我本来可以给你一剂良药,清除你对永恒的担忧。现在看来是太晚了。但不管怎样,在这最后的时刻,你还可以转动你的眼睛,移动你的脚趾,从中感觉生的巨大胜利。"凯琳让他安静，琼斯说："我会安静，但带着抗议。"正如布洛克不可能说服琼斯，琼斯也不可能说服布洛克。琼斯的行侠仗义早已是他清除对永恒担忧的良药，但对骑士没有任何作用。在他看来，正是这种对永恒的担忧，使骑士陷入了那么沉重的痛苦中。他拒绝上帝，也拒绝死亡，哪怕是死到临头，还可以用人的一点自由意志来证明对死亡的战胜。

琼斯的话让人想起骑士在教堂里的那句独白："这是我的手，我能活动它，能感到血液在里面流淌。太阳还高高地挂在天上，而我，安东尼斯·布洛克，正在和死神下棋。"两个人都曾用人的自由意志和生命来对抗死亡。但布洛克是用上帝的支撑来对抗死亡，而琼斯并不区分死神和上帝，是用人真实的生命对抗一切虚幻的东西。但恰恰是因为他不做这种区分，他反而将死神与上帝混在了一起。被琼斯救出的女孩在这最后一幕中最为突出。她在死神出现时最为感动，泪流满面。在这最后时刻，她跪在死神面前，说了她在整个影片中唯一的一句台词："一切都结束了。"只有她毫无保留地把死神当成了上帝，铁匠稍弱于她，但他也未必区分了死神与上帝。这两个被琼斯救出的受苦人，正是琼斯式的社会革命的承担者。

承担布洛克的神学理想的约夫夫妇，此时还趴在他们的马车里，听着鸟儿的鸣叫。暴风雨已经过去，又是一个美丽的日子，就像米娅说的那样，他们过的每一天都差不多。不过，在远方，城堡所在的地

尘世的惶恐与安慰
Agonies and Consolations in This Life

死神牵着六个灵魂，手拉着手，
迈着阴郁的舞步走向黑暗之地。

方,却仍然阴云密布,城堡似乎已经被雷电摧毁了[1]。约夫看到,在那乌云之下,死神正拿着他的镰刀和沙漏,牵着六个灵魂,手拉着手,迈着阴郁的舞步走向黑暗之地。他说,那六个灵魂是铁匠、丽莎、骑士、雷夫、琼斯和斯卡特,斯卡特走在最后,弹着他的琴。他没有看到琼斯的女孩,也没有看到骑士的妻子,却把已经死去的雷夫和斯卡特加了进去。也许真的像米娅说的那样,这只是他的幻象,所以他无法看到自己不认识的凯琳。而他们,也许不代表被死神摧毁的任何一个人的理想,只代表自己未来的生活。

2008年5月1日于北京

---

[1] 伯格曼说,他有感于一座被雷电夷为平地的大教堂,而写了这部电影。见 Ingmar Bergman,《第七封印·序》("Introduction", *The Seventh Seal*), New York:Simon and Schuster, 1985, p.8。

微若尼卡的第三重生命
——基督教世界中的看与听 *

当人群过去之后,微若尼卡惊讶地发现,她的手绢上,竟然印上了那囚犯的面容。不过,这面容究竟是怎样的,我们却不得而知了,因为这块在罗马教廷的圣彼得大教堂珍藏几百年的圣迹最终还是遗失了。有人说,虽然耶稣基督当时狼狈不堪,但他印下的面容却从容肃穆,充满天国之光,而在他的头的周围,还有一圈神圣的光环。

---

* 本文原刊于《道风》第十七辑,此处略有改动。

一 第三个微若尼卡

看完基耶斯洛夫斯基的《微若尼卡的双重生命》,不知道是否有谁会像我一样产生这么一个似乎奇怪的问题:有没有第三个微若尼卡?如果有,她会在哪儿?她是否也会在迈向天堂的途中倾堕在地上,是否也会在陌生而嘈杂的人间茫然若失?既然是第三个,她就该和巴黎的 Veronique 与克拉科夫的 Veronika 都不太一样;但她一定也经历过人间的苦与爱,一定也曾经在风雨如晦的时候仰望天空。那么,她究竟在哪里呢?

我们可以在两千年前耶路撒冷的郊外看到她。她就站在尘土飞扬的路边。那崎岖的小路通向一个阴森森、光秃秃的山顶。路上是一群推推搡搡、熙熙攘攘的人群。几个满脸横肉、鸷眼鹰鼻的士兵正押解着一个囚犯走向那座山。这个囚犯衣不蔽体,满身满脸的汗水和血水,头上顶着一团乱糟糟的荆棘,或背上扛着一个巨大沉重的十字架,跌跌撞撞地走着,十分狼狈。那个叫微若尼卡的女子睁大了眼睛看着他。她认识他吗,这个自称上帝的儿子而今却即将赴死的人?

尘世的惶恐与安慰
Agonies and Consolations in This Life

她的手绢上,竟然印上了那囚犯的面容。(威顿作品)

她也许见过他,她甚至可能得到过他的解救;或者,她也许只是觉得这个人在穷凶极恶的士兵的折磨下实在可怜。那些士兵不时用皮鞭和棍棒打他,还往他的脸上吐口水。旁边的一群人一边起哄,一边嘲弄这个狂妄的囚犯。微若尼卡却悄悄掏出自己的手绢,好不容易分开众人走过去,把手绢递到囚犯的脸前,给他擦去一脸的汗水和血水。还没等她擦干净,后面的士兵就拥了过来。一群人又在嘲弄与呼喝声中前行了。囚犯的脸上很快又淌满了汗水和血水。

当人群过去之后,微若尼卡惊讶地发现,她的手绢上,竟然印上了那囚犯的面容。不过,这面容究竟是怎样的,我们却不得而知了,因为这块在罗马圣彼得大教堂珍藏几百年的圣迹最终还是遗失了。有人说,虽然耶稣基督当时狼狈不堪,但他印下的面容却从容肃穆,充满天国之光,而在他的头的周围,还有一圈神圣的光环。除去脖颈的位置之外,我们还可以看到十字架奕奕生辉的三个分岔。这块唯一记录下耶稣面容的布告诉我们,他是世间最美的男子。不过另外一些人却说,这块手绢上的耶稣就是那个狼狈不堪的囚犯。他满脸的汗渍与血迹,神情颓废。那十字架就是刑具,根本没有发什么光。也有人说,他给微若尼卡显示的,两个面容都有;而二者正体现出肯定神学与否定神学的对照与补充。

在基耶斯洛夫斯基电影的开头,1968年,当两个女孩还只有两岁的时候,波兰的微若尼卡正在数星星。"就是那颗星,我们等待它开始圣诞之夜。看,还有下面那雾。看,那不是雾。那其实是成百万的小星星。指给我看。"巴黎的微若尼卡正在看着树叶的经脉:"这是第一片叶。春天来了。看,这儿,在颜色轻一些的这一面,有小小的叶脉和很好看的绒毛。"一个在仰望那与耶稣一同升起的星星,一个则在凝视着那湿润而柔弱的生命。

耶路撒冷的微若尼卡那么小的时候在干什么呢?也许她也看到了那颗预示耶稣降生、引领三博士来朝的星星?也许她也曾在加利利的路上或是克西马尼园里抚摸树叶。这个福音书中根本没有记载的圣微若尼卡的童年,我们无从知道。有人说,她其实就是那个被耶稣解救了的妓女,有人说,她就是曾经被耶稣治愈了的那个身患重病的女子,也有人说,她就是那个为耶稣涂油的女子,或者后来看到耶稣复活的三个马利亚中的一个。在尤西比乌的著作中,我们已经可以看到她的影子了。一般认为,教会为强调那块布是真正的圣迹,称之为"真的像"(Vero Icon),连读即为微若尼卡(Veronica)(库里路克 [Ewa Kuryluk] 认为,微若尼卡其实是希腊人名 Berenice 的拉丁写法,只是在形式上恰巧与 Vero Icon 相近。不过她也承认,这种文字的巧合实际上成了这个形象得以流行的重要原因[1])。"微若尼卡"同时成为那块布上的耶稣像和这位女子的名字。尽管我们并不知道这个微若尼卡究竟是谁,基督教史上却因此有了一个圣微若尼卡,而微若尼卡更成为

---

[1] Ewa Kuryluk,《微诺尼卡和她的布》(*Veronika and Her Cloth*), Cambridge Mass:B. Blackwell,1991.

微若尼卡的第三重生命

那个在画面边缘的手绢上的耶稣像却睁开了双眼。（博斯作品）

尘世的惶恐与安慰
Agonies and Consolations in This Life

基督教国家后世很多女子的名字。

微若尼卡这个形象在中世纪的流行程度,就像今天的耶稣受难像和圣母怀抱圣婴像一样随处可见。在中世纪后期的许多圣像画中,我们可以看到各种各样的微若尼卡形象。有时候是圣微若尼卡手持她的手绢展示耶稣的面容,有时微若尼卡像作为耶稣受难像的装饰,或与诸多迫害耶稣的刑具一同出现。还有很多绘画作品描述教廷向信徒展示微若尼卡实物的情景。今天如果我们走进欧洲稍微古老一些的教堂,还常常会看到微若尼卡。

耶路撒冷的这位微若尼卡,其实就是那块布的化身,或者说,她就与耶稣的面容同在。比如在尼德兰绘画大师博斯(Bosch)的画笔下,一群狰狞可怕的士兵,状如鬼怪,眼如铜铃;扛着十字架的耶稣虽饱受凌辱,却对这些罪孽深重的人满怀悲悯地微闭着双目。微若尼卡是画面上另外一个神色从容、闭上眼睛的人;但是,正如艺术史家吉布森(Walter Gibson)指出的,那个在画面边缘的手绢上的耶稣像却睁开了双眼;他不仅睁开了眼睛,而且以一种极为震撼的眼神看着周围的人乃至看画的人。那目光不是在谴责,而是在说:"若有人要跟从我,就当舍己,背起他的十字架,来跟从我。"[1] 在有关耶稣受难的画作中,微若尼卡的耶稣像常常这样出人意料地点出圣像画的

---

[1] Walter Gibson,《博斯》(*Hieronymus Bosch*), New York: Praeger Publishers, 1973, p.120.

主题,如一道闪电划过拥挤的行刑人群,催人警醒。那尺素之间的耶稣其实就是真正的耶稣的另一张脸;而手持耶稣像的女子,其实就是与她同名的那个耶稣像(这里的同名与基耶斯洛夫斯基笔下的同名一样,有着重要的意义)。或者可以说,微若尼卡这个女子,其实也就是耶稣的一张脸。

二 在凝视中倾听

耶稣怎么会有那么多脸?其实何止微若尼卡和她的圣像,我们随处可以看到以某种方式出现的耶稣的脸。不熟悉圣像画的人们很可能会把很多圣约翰像当成耶稣像,因为他头上常常也有光环,他也和圣母在一起,甚至颇有相依为命之态。甚至在关于圣安东尼、圣方济各等后世圣徒的画像中,我们一不留神都有可能错认为耶稣像。更有甚者,当私人绘画在中世纪晚期蔚然兴起之时,有些画家竟以自画像的方式描画耶稣;简直是亵渎神灵、大逆不道。研究中世纪的艺术史家汉伯格(Jeffrey Hamburger)在谈到圣约翰的画像时称这种现象为约翰的成圣(Sacralization)。[1] 耶稣的这么多张脸在我们中国人看来

---

[1] Jeffrey Hamburger,《圣者约翰》(*Saint John the Divine: the Deified Evangelist in Medieval Art and Theology*), Berkeley: The University of California Press, 2002.

尘世的惶恐与安慰
Agonies and Consolations in This Life

真是匪夷所思,就像看微若尼卡的电影时觉得云里雾里、颠三倒四一样。不是说基督教对耶稣基督无比崇敬吗?不是说他们只有唯一的一个上帝吗?这些头顶光环的俗人到底是怎么回事?那个耶路撒冷的微若尼卡究竟何许人也?

其实何止中国人感到疑惑,就是基督教自身在这个问题面前似乎也显得底气不足;如果上溯到基督教的前身犹太教,这些乱七八糟的圣像真的就是大逆不道了。基督教延续了犹太教的传统,素有"不拜偶像"之称。在这个教条面前,不要说那么多僭仿基督的俗人像,就是最纯粹的基督圣像都是不该存在的。可是,自从耶稣基督走向十字架的那一刻起,整个基督教不就是建立在十字架上的耶稣这个形象之上的吗?即使在这个事件没有被画下来的时候,基督信仰仍然是以一个耶稣受难的形象为其根本的,就像犹太教其实是以那不见其形、只闻其声的上帝对摩西的训导为基础的一样。如果说西方天主教会在接受偶像崇拜上还有一些迟疑的话,辉煌壮丽的拜占庭艺术则早已公开挑战所谓不崇拜偶像的教条了。基督教为了回避这个矛盾,区分了偶像(idol)与圣像(icon)。但这种区分还是难以掩盖基督教从异教徒那里受到的影响。

在一些基本信仰上继承了犹太神学的基督教似乎从一开始就已注定将会打破偶像崇拜的禁忌。耶稣受难这个事件的深刻内涵似乎使它只能通过某种偶像的形式才能真正表现出来;而不见于福音书的微若尼卡的故事则能够极为鲜明地体现出基督教偶像崇拜的神学意义。因而无论基督教与犹太教有多少表面的相似之处，关于偶像的这一看似微小的问题其实颇能道出二者那仅在几希的区别。当耶稣宣布摩西旧的约法自动解除的时候，他其实就在告诉人们，以前那种只以倾听接近上帝的信仰已经解除了。

库里路克（Ewa Kuryluk）指出，微若尼卡其实体现了犹太与希腊两个传统的汇合，同时也是言与像（Word and Image）的结合。在《克拉底鲁篇》中，柏拉图已经讨论过言与像的区别；而在《旧约》里面，我们也知道上帝依自己的像造人和摩西拜受上帝之言的旧话。虽说这两个传统都不乏言与像的说法，但就精神气质的大略观之，希腊哲学更近于像，犹太宗教更重于言。在《会饮篇》的讨论中，爱若斯对美好与善好之神是仰望而不是倾听；在《旧约》的经书中，先知只能聆听上帝之言，却无法看到他的面容。听与看，构成了希腊与犹太传统相当根本的区别。

那么，当基督教把犹太教对圣言的聆听转变为对圣像的仰视的时候，是不是以希腊的传统取代了犹太的精神呢？看上去，同希腊传统更接近的拜占庭传统似乎更乐于用圣像来表现其对上帝的信仰，好像更说明了希腊哲学在基督教中的借尸还魂。

事实却并不这么简单。记载耶稣行状的《新约》经典题目"福音"不就有着基本的听的意涵吗？不是恰恰在基督教色彩非常浓重的《约翰福音》之中，圣言的概念一开篇就占据了极为重要的地位吗？

当我们诵读《约翰福音》一开始关于圣言的讲法时，也可以看到，

尘世的惶恐与安慰
Agonies and Consolations in This Life

那言其实并不是像犹太教中的言一样，以绝对的威仪赫赫倾下芸芸众生，而是要变成可见的血肉，寄居到人们中间。在基督教的言与福音中，我们可以看到像的意涵；在它的像中，我们同样可以听到言的声音。基督教并不是以耶稣受难像取代了圣父垂示的圣言。作为三位一体中的圣子的基督，在《约翰福音》中同时又是圣言。难道这个变成肉身的言不正是摩西听到的那言吗？因此，我们不能说基督教中的受难像取代了摩西听到的言，而是当这个言以受难的基督像的方式再次到达了凡人，摩西所录下的言就自动解除了。基督教与犹太教的区别并不在于以像取代了言，而是用以像表达的言取代了先知转述的言。因此，当基督徒面对那十字架上的基督像划十字的时候，实际上是通过基督的像听到了上帝的声音。这里的像与希腊传统中的像也有了相当重要的区别。

尽管"微若尼卡"一词强调的是真的像，这里的真却与希腊意义上的真很不相同。对于希腊传统中的像，欧里庇得斯的悲剧《海伦》大概可以给我们一个粗略的印象。那惊动了千军万马、导致了十年战乱的女人，只不过是海伦的一个幻象；而真正的世间最美的女人，其实早已到了埃及。有真必有假。不可能有两个真正的海伦，也不可能有两个同样的苏格拉底。无论假的海伦有多么美，也不会成为真的；无论泰阿泰德与苏格拉底有多么相像，他也不可能成为苏格拉底，同样，无论苏格拉底有多么智慧，也不是神。但是，却可能有无数个真的基督。微若尼卡之所以被看成真的像，恰恰是因为真的基督有可能就显现在这块普通的布上。

因而,微若尼卡圣像中体现的神与人的关系,既不同于苏格拉底与泰阿泰德的相貌相似,也不同于上帝依自己的像造人之后的相像。耶稣本就是一个饱受凌辱的囚徒,微若尼卡本来就有得救的可能。这里的相像,是人子的人性与凡人的相像,也是有望救赎的凡人对基督的模仿与追随。

据说,耶稣是圣子,是属神的。不过,他同时又是人子,是成了血肉的圣言。凡人对耶稣的模仿却只能理解为对人子的模仿,而不能当做对上帝的僭越;或者说,人们可以模仿耶稣的像,却不能模仿上帝的言,只能模仿作为人子的耶稣如何上升,却不能模仿作为圣子的基督如何为万王之王。

正如基督教的圣像画传统开启了欧洲现代的绘画艺术,教堂中的圣乐也成为现代音乐的前身。倘若圣像画被理解为以看的方式听,那么圣咏与赞美诗,这个最直观的听的方式,又当如何对待呢?

就像圣像画不能等同于希腊传统中的看一样,圣诗、圣歌也与犹太教中的听大异其趣。虽然一切圣像画都出自俗人之手(姑且把微若尼卡当做例外),它却被当做神在人间的化身;而虽然一切圣咏都充满天国的宁静与神圣,却永远是凡人唱给神同时也唱给人听的,因而它不折不扣是属人的。基督教里的歌要么用来讲述经里的故事,要么引领人们认识耶稣和走向天国。就其信仰的功能而言,是对成像的圣言的诠释和追寻。无论对于歌者还是听众,唱和听都是一个朝向耶稣的行动,是一种仪式化的救赎与上升(在这里,唱和听其实并无根本区别。与其说唱诗者是在表演给信徒听,不如说他们是一种领唱)。换句话说,歌乃是仪式化了的对圣言的追随,因而与犹太传统的听基本上无关。它恰恰是帮助人们体认耶稣受难这个形象并模仿圣子的。

就这个层面而言,弥撒也是一种歌,而教士则也是某种意义上的领唱。在基督教灵修的这个最重要的仪式之中,基督徒要从教士那里观看耶稣受难的过程;即使教士在讲解和诵读的时候,教徒们的听也不同于犹太先知的听。他们不是在听圣言,而是在听对圣言的像的讲解,一如倾听圣歌。

在弥撒的核心圣餐礼这个人们虽已习以为常、其实却最奇怪的仪式当中,基督徒们竟然要吃下人子的血肉。它以最为震撼的方式建构了基督与人或者说作为神的基督与作为人的耶稣之间的关系。与对圣歌的唱与听一样,吃也被当成一种朝向上帝的方式。它告诉人们,不仅要看基督受难像和划十字,不仅要在歌声中去接近那成像的圣言,而且要吃下这圣言。这个吃下圣言似乎更接近于倾听圣言了。这种听并不是像摩西和他的人民那样获知圣言讲的是什么,而是要使那成了肉身的圣言也化为自己的血肉。这里的吃不仅包含了听的威严和看的美好,而且以其特有的丰富内涵揭示了牺牲、亲吻和写在血肉上的爱。

基督教中对圣言的听要靠对圣像的看来完成,而这种看又必须通过对圣歌的唱来实现。那么,那唱着迈向天堂之歌的微若尼卡,这基督的真正的像，意义又何在呢？

两个微若尼卡在满怀愉悦的歌声中迈向天堂，却砰然倒地，在茫茫人世间若有所失。那牵动她们心灵的细线究竟是什么？那根其貌不扬的鞋带也许就来自耶路撒冷的微若尼卡手中那块同样其貌不扬的布？

圣言成了肉身，听要靠看来完成。这种用眼睛的听与摩西用耳朵的听，究竟区别在哪里？前面已经讲到，信徒是要模仿人子的。这种模仿其实还暗示了很多其他的意涵。圣言成像之后不仅可以被看到，而且可以看到。可是，在犹太教中，上帝不是也可以听到人的声音吗？神与人之间相互的看和相互的听究竟有什么不同？

有些研究艺术史的学者曾指出，微若尼卡的特殊之处不仅在于那女子与圣像同名，而且在于那圣像的构成。它不像一般的画像那样由颜料画成，而是完全由耶稣流动的体液构成的。无论耶稣的脸的轮廓、斑斑点点的颜色，还是呈现出来的表情，背后都是基督的汗和血。微若尼卡不仅揭示了基督与凡人之间的相互凝视，而且透露了这种凝视的对象和方式。当人们看他的时候，不仅会看到他最狼狈、最痛苦的那一刻，而且是看到了颤栗而踌躇的他那最纤细和敏感的创伤，以及其中流淌出来的苦与痛。而他在看人们的时候，也是在用他的血和汗来凝视，用他的痛甚至死来观看。这血与汗无疑首先会使人们联想到弥撒中的血和肉。

无论圣餐还是微若尼卡，都告诉人们，当人们看到圣言的肉身的时候，已经不再仅仅是聆听和遵从律法，而且在凝视一种最敏感和脆弱的苦难。正如圣微若尼卡所做的那样，她也许并不知道耶稣曾经做过什么，也未必知道他为什么赴死，但擦汗这个微小却大胆的动作已经足以使她成为圣徒了。同样的，耶稣在人间看到的也是那挣扎的灵魂、卑微的啜泣和罹患中的肉身。

圣言一旦成了肉身，他的目光就会一直进入那最深处的细小苦痛。而他的模仿者要做的，也是像他那样理解到生活最隐密的肌理。要进一步理解基督教的听与看的这层意涵，我们可以借助中世纪晚期另外一个关于耶稣的形象。

三 哀矜者福

这是一种耶稣的半身像，他上身赤裸，身上一般可以看到几处伤口；但身后却没有十字架。眼睛或睁或闭，仿佛黯然神伤。有时还有圣母和圣约翰陪在他两边。拉丁文称之为 pieta（兼有悲哀、同情、虔诚等含义），英文一般译为 Man of sorrows，中文似可称为"哀矜"。如果把哀矜像在耶稣故事中作一个定位的话，显然应该是在被钉十字架之后，因为耶稣身上有十字架上的伤口，那时候他已经死了。但它又显然不同于"下圣体"（Deposition）、"哀悼"（Lamentation）、"下葬"（Entombment）这些人们熟悉的圣像画。因为，他的双手常常相

微若尼卡的第三重生命

一个死人表现出活人的神情。(15世纪无名画家作品)

尘世的惶恐与安慰
Agonies and Consolations in This Life

互交叉，两臂微微翘起，做出一个降福的姿势。在一些哀矜像里，他甚至睁开眼睛，表现出或悲哀、或怜悯、或安宁的表情。另外，这画也不是复活、变容和升天等情节，因为他没有那么愉悦和祥光四射，而是充满悲苦；他还没有死而复生，而是仍然处在死的状态并体验着死的痛苦。正如艺术史家贝尔廷（Hans Belting）所指出的，耶稣的这个形象最突出的特点就在于，一个死人表现出活人的神情。[1] 人们常常以《旧约》中的这段话来阐释哀矜像的含义："你们一切过路的人哪，这事你们不介意么。你们要观看，有像这临到我的痛苦没有？"（Is it nothing to you, all you who pass by? Look and see, if there is any sorrow like my sorrow,《耶利米哀歌》1:12）从最直观的角度看，死去的耶稣是在活生生地体验他自己的死。同时，他那常常似乎做出降福姿势的手和充满爱的眼神又表现出一种对于世人的痛苦乃至罪恶的同情与宽恕。英文的叫法似乎难以完全表达后面的这层含义。

与这个形象紧密相关的，是关于圣格列高利，这个与圣咏这种基督教时代的唱与听已不可分的教皇的一个传说。据说，在格列高利行圣餐礼时，曾有人怀疑，酒和面包与耶稣基督是否真有关系。而就在这时，祭坛上显现了一个半裸的人，那就是耶稣。他向围观的人们展示自己的伤口，从而证明了圣餐礼的真实和神圣。耶稣向格列高利显

---

[1] Hans Belting,《一个中世纪形象和它的展示》(*The Image and Its Public in the Middle Ages*), New York: Aristide D, Caratzas Publisher, 1990, p.64.

现的形象成为哀矜形象的一个重要来源。

这个常常与圣餐礼相关的哀矜形象似乎比微若尼卡更为直观地揭示了基督与凡人之间的关系。这个受万人膜拜的神是以他最孱弱、最狼狈、最痛苦的形象出现的。他不仅没有像《旧约》中的上帝那样君临一切，而且不像苏格拉底那样从容赴死。相反，他曾在克西马尼园退缩，曾在十字架上责问圣父为什么舍弃他。他没有像任何一个一般认为的英雄或神灵那样表现出超乎常人的气概和勇敢。对于死亡，尽管他还是主动接受并完成了自己的使命，但他并不像《申辩篇》中的苏格拉底，大悖常情地把死后当做一个也许美好的结局；如果说哀矜的形象恰恰表现了基督在死时的感受，我们就会看到，神圣的使命其实并没有战胜临刑前的懦弱。他还是会像匹夫匹妇那样一脸痛苦地忍受着自己的伤痛。罗马士兵的折磨仍然会使他感到疼。他丝毫不具有什么刀枪不入之类的神功，日后复活的许诺也根本无法成为死亡的止痛剂。我们看到的永远只是一个弱小而敏感的血肉之躯。读过刘小枫先生的《死感、性感、歌声》的朋友一定不会忘记他那关于一个人体验自己死亡的讨论。而这个看上去那么骇人听闻的论题实际上就是哀矜形象最核心的主题，从某种意义上也是耶稣受难的一个意涵。

在基督教中，人们不仅要以看的方式聆听圣言，而且还要以唱和吃的方式去体认那成为肉身的圣言，要以最坦诚和无所保留的方式与这肉身相对。耶稣对自己的苦的体认、反观和展示其实并没有泄露关于上帝的什么天机。因为人们借助这像看到的其实还是肉身上的一切，或者说作为人子的基督。这个时候，人们其实仍然只不过是在看另外一个人，一个普通而弱小的人。借助这种看，人们同时有可能听到圣言的声音。因此，这样一种看丝毫不会削弱上帝的神圣。而恰恰是在与另外一个人的相互凝视中，基督徒们反而更有可能理解上帝的遥不可及和不可思议。虽然说基督教的看使人们可能通过对偶像的崇拜而妄称了上帝的名，但它也恰恰通过圣言肉身化了的偶像保护了圣父的至高无上。从这个意义上讲，基督教所谓的圣像崇拜其实并没有从根本上改变犹太教的那条戒律，而恰恰是维护了不可见的上帝的威严。虽然要看基督，对圣言却仍然只能是听。也许正是在这个意义上，圣像（icon）才真的不再是偶像（idol）。

在基督教的历史中，仍然存在以不可见来维护上帝之名的故事。比如同样受到罗马教廷保护的拉特兰教堂里著名的救世主像（Lateran Saviour）。这尊耶稣像不像微若尼卡和哀矜像那样狼狈和悲苦，而是真正的威仪赫赫，据说它还曾经从战争和瘟疫中拯救了罗马城。但是，这个以圣木雕就的像却是不可以被看到的。据说由于曾有人在无意中看到它而失明，人们一直试图以各种方法把它罩起来。到英诺森三世的时候，这个耶稣像的身体终于被一个无法移开的金属外壳永远地罩上了。恰恰也是英诺森三世，把微若尼卡的手绢展示给了公众。同样是耶稣的像，为什么有的就能展示给人看，有的就不能让人看呢？而且，为什么那些给人看的往往是基督最狼狈的时候，而这些不能给人看的，却是耶稣最充满神性的时候？

前者是基督的人性，后者是耶稣的神性。虽然人性的基督朝向上帝，并引领人们走向天国，那神性的、作为上帝真正圣言而不是肉身的基督，却仍然是凡人永远无法看见而只能聆听的。看可以抬头，听却要低头。在人与神之间永远存在一条不可逾越的鸿沟。人们可以像基督那样不断升成，朝向圣父，但却不可能自己真的变成上帝，与圣父成为一体。谦卑与羞涩，耶稣在悲苦中反观自身和俯视众生的神情，似乎在告诉人们一种看的方式。

人不能不看，却又不能毫无羞涩地看。只有像耶稣那样能够置身于痛苦中的人的看，才能够变成对圣言的听。在博斯所画的《圣格列高利的弥撒》（《三博士来朝》三联画的外部），这个关于格列高利的传说的另一种表述中，我们可以清楚地看到这种悖谬。在这幅画里，尽管教皇无比虔诚地望着基督，周围的众人却似乎完全没有对圣迹表现出一丝一毫的诧异与兴奋，反而仍然颇为怀疑地对祭坛指指点点。不仅如此，那些参加弥撒的人竟然被两道屏风与弥撒现场完全隔绝开来。这个极为反常的弥撒场景使他们根本看不到耶稣；相反，倒是祭坛上那个哀苦中的基督在睁开眼睛看着他们。在这幅画里，耶稣的显现根本无法使满心疑虑的人相信圣餐的神圣。他可以看到罪恶深重的人，那些人却看不到他。在祭坛后侧关于耶稣受难的一系列图画中，我们看到一对似乎无所事事的父与子正指着十字架上耶稣的尸体说着什么。父与子的旁观形象在博斯另外的两幅画《使徒圣约翰在拔摩岛》的外部以及《圣安东尼的诱惑》的外部的小画中都曾出现。这些看似

尘世的惶恐与安慰
Agonies and Consolations in This Life

闲笔的地方其实非常生动地道出了人与神之间的另外一种看的关系。这几对父子看到了吗？当然看到了。不过，他们看到的不是圣言成了肉身后所遭受的痛苦，而是一个新奇的行刑场景。在《圣安东尼的诱惑》的外部，我们看到的是一个父亲和两个儿子，其中一个骑在胖胖的爸爸的脖子上，正把一个东西放到行刑队伍中一个士兵的嘴里，一片天真烂漫的童趣。而他们的不远处就是圣微若尼卡，正拿着那块手绢走到基督的面前。他们的看和微若尼卡的看区别何在？快乐的父与子当然看不到受苦，羞涩的微若尼卡却对基督的痛心有戚戚。无论在圣微若尼卡那里，还是在父与子那里，以及大声叫嚷着"看哪，这人"的所有快乐的人们那里，他们看到的都是一个狼狈的囚犯。为什么微若尼卡会被当做圣徒，而别人却不能？区别也许未必在于圣微若尼卡知道那人就是上帝的儿子。基督徒的看其实不是简单的看，而是在看中倾听；把另一个人的苦当成苦，而不是可以旁观的景致或许才是基督教所谓倾听圣言的关键。在这里，唱与吃都不是可有可无的辅助。恰恰是这种新的看的方式，才使人们能够听到那圣言。"哀矜者福，为其将受哀矜。"

因此，在基督教中，当人们看到耶稣受苦的时候，直观上看到的并不是上帝。上帝怎么会受苦？受苦的只能是人。因此，这种对痛苦的看就不仅仅指称了看到的对象，而且已经告诉了人们看的方式，或者说将凝视痛苦转变为倾听圣言的方式。正如耶稣在最后的晚餐为包括犹大在内的门徒们洗脚时所表明的，基督徒要相互友爱，一如对人

微若尼卡的第三重生命

他可以看到罪恶深重的人,那些人却看不到他。(博斯作品)

尘世的惶恐与安慰
Agonies and Consolations in This Life

子的爱。这种爱并不是相互间的温情脉脉，而是对深入肌里的痛的凝视。只有能看到这些苦难的时候，人们才可能真正听到圣言的声音。按照这个逻辑，也只有在人们在感到自身永远的不完满，从而能够在神的面前永远保持一种羞怯，而不会狂妄地僭越称神的时候，这种看才会使人上升和得到救赎。

那些看似狂妄的画家把耶稣画成自己的自画像，其实并不是把自己当成了上帝，而是使自己效仿那个忍受着苦难的人子。基督教中的圣父在派出他的儿子解救世人时，根本没有放弃自己的威严，只是告诉了人们一条获得拯救和自由的道路。而在通往自由的这条路上，经历和凝视痛苦似乎是必需的。

当我们回过头再来看耶路撒冷的微若尼卡时，就已经知道她是谁了。她其实就是囚徒耶稣本人，同时也可以是任何一个追随耶稣的凡人。她可以是那个被耶稣治好疾病的女子，可以是那个得到耶稣解救的妓女，可以是任何一个懂得爱的羞涩的陌生女子，甚至可以是耶稣的母亲圣母玛利亚。而从某种意义上讲，耶路撒冷的微若尼卡与巴黎和波兰的微若尼卡也是身体与影子的关系，正如耶稣与圣微若尼卡之间和两个微若尼卡之间一样。在巴黎和波兰的微若尼卡的生命中，无时无刻不存在耶路撒冷的微若尼卡的影子。

四　偷窥与窃听

　　同样地，当一个微若尼卡突然倒地的时候，另一个微若尼卡所失去的并不仅仅是她的另一个生命；更重要的，乃是与耶路撒冷的微若尼卡之间的那条细线，是那朝向天堂的歌声。在波兰的微若尼卡死后，巴黎那个怅然若失的微若尼卡主动去找她的音乐教师，说她从此不再来唱歌了，那位老师极为惋惜、不解乃至愤怒，说以后再也不愿见到她；微若尼卡什么也没说，默默地离开了。这位怒形于色的老师其实就是波兰的微若尼卡获得赏识时那个向她颔首微笑的老者。这个细节似乎告诉我们，波兰的微若尼卡的经历完全可以看做两个微若尼卡的共同故事；她们是在一同唱迈向天堂之歌。那么，此后巴黎的微若尼卡的故事也应该可以理解为波兰的微若尼卡的故事，或者说，发生在两个人身上的故事自始至终都只是一个人的故事。可是，波兰的那个微若尼卡不是死了吗？也许这里并没有谁真的死了，而是微若尼卡迈向天堂的云梯断了，她不会再去高唱迈向天堂之歌了。当一个微若尼卡在古老的教堂中高唱迈向天堂之歌的时候，另一个微若尼卡正在自己的床上迈向欲爱的巅峰；当一个微若尼卡在歌声中颓然倒下、托体山阿的时候，另一个微若尼卡的欢愉也黯然飘零、化为蝴蝶。她感到的不是一个肉身的死亡，而是爱欲的萎顿，是对美好生活的欲求的凋落。从此，她在尘世的生活就变得那么烦躁和不安，要那么辛苦地面对各种噪声和诱惑。原来那个哀矜龙钟老妪不能自已的微若

尘世的惶恐与安慰
Agonies and Consolations in This Life

尼卡甚至毫无羞怯地插手别人的隐私与作伪证。这时候的微若尼卡已经像博斯画中的旁观者那样,不能真正地看到或者唱出对天堂的渴望了。木偶师与儿童文学作家亚历山大好像什么都知道,什么都想听、想看。若有所失的微若尼卡为了找回失去的爱欲而坦诚地向他展示和倾诉,谁知最终却像那羽化为蝶的芭蕾舞女一样,成为任他控制的木偶。在失去了那朝向美好的看与听之后,动人的歌可以变成魔鬼的诱惑(那盘磁带),美丽的像(那照片和玻璃球)可以变成欲望的诱饵。仰望星空和凝视生命的天真都只能成为令人伤感的回忆。生命中失去了任何活泼与率真,失去了那标志着人的灵动与自知的羞涩,成为乏味和没有灵魂的窥测。暗哑了通往天堂的歌声,美丽都变成了一片苍白。朝向神的路径一旦被切断,听与看都可能变成偷窥与窃听,歌唱与展示也会变成无聊的表现癖。

亚历山大说,他要了解微若尼卡,不仅是为了自己写作的素材,而且是做一个试验,看他的设想在心理学上是否可能。亚历山大是作家、艺术家,甚至是科学家,而不是上帝。他可以为了一个设想而在火车站等上两天两夜,可以千方百计看透女孩子的爱和最敏感的痛。他可以体验和研究爱,却没有愿望承担爱。而他给微若尼卡所带来的,却是更深重的失落和无家可归感。耶稣以血肉对耶路撒冷的微若尼卡的许诺何时变成了科学家这种冷酷的钻研?

人们会痛惜一个美丽灵魂的枯萎。但我们不要忘记,正是在听众面前竭力唱出迈向天堂之歌中那几个最高音符的时候,微若尼卡从通往天堂的路上跌落。也许我们要回过头来问，那个我们觉得很费解的基督教中特殊的信仰方式是不是本身就有致命的问题呢？当耶稣在十字架上的呼号变成了肉身造反的呐喊，当庄严的圣像画变成千奇百怪的艺术流派，当奉献给上帝的圣咏变成了五光十色的舞台，当令人心碎的爱与痛变成木偶师手中的作品，圣言还能到达那似乎总是很快乐、很强壮的人群吗？

微若尼卡的命运触及前面讨论中的两个问题。第一，尽管很多人在仿效耶稣的时候可以清楚地知道自己的位置，并保持一种真诚的羞涩，但圣父与圣子的合一是不是仍然为那些狂妄的人僭越称神提供了很多机会呢？尤其是在基督教已经无法完全控制现代社会这个怪胎的时候，圣父的威严是不是就真的消失了呢？耶稣那么多张脸是不是本来就为魔鬼提供了更多更隐蔽的藏身之所？博斯笔下那些败坏的众生、淫靡的男女，乃至无耻的教士，是不是基督教发展的必然结果？第二，那对颤栗的灵魂的凝视，一旦失去了爱的支撑和对天国的仰望，是否马上会变成别有用心的窥测？现代的所谓科学与艺术，这脱胎于基督教传统的看与听，是不是本来就是魔鬼的一个伎俩呢？

微若尼卡的枯萎真的是那么偶然的吗？微若尼卡的倾堕是不是对基督教文明之命运的一个形象的寓言？耶稣看待那些恶人的眼神，除去怜悯与鄙视之外，是不是也有一丝无奈？

尘世的惶恐与安慰
Agonies and Consolations in This Life

五 苍白的面与喑哑的歌

如果说基耶斯洛夫斯基的电影总像寓言一般意味深长地提出一些令人深思的问题，另一位电影思想家伯格曼的影片则往往像冷酷的小说那样，展示出人世中的种种无奈，以及爱乃至交流的不可能。《假面》(*Persona*)也讲了两个女子之间看与听的故事。女演员伊丽莎白在演欧里庇得斯笔下的伊莱克特拉的时候突然失声，从此拒绝说话，而各种生理和心理的检查都表明她十分健康。刚刚毕业的护士埃尔玛被派去照看这个奇怪的病人。为了伊丽莎白的治疗和恢复，医生叫两个女子住在她在一个小岛上的别墅中。美丽的大自然和单纯的人际关系似乎大大利于伊丽莎白的身心和两个人之间的交流。伊丽莎白虽然仍然拒绝讲话，但她的心情明显平静多了，还常常像姐姐一样抚摸埃尔玛的头发。埃尔玛也变得对伊丽莎白无话不谈。她的护理对像好像变成了倾诉对象。她滔滔不绝地向伊丽莎白讲她的经历、事业、爱情、信仰，还不时地从书中给伊丽莎白读上一些精彩的片段。在伊丽莎白面前，埃尔玛有时哭有时笑："很多人说我是个好的听众。这好像很滑稽，不是吗？我是说，没人愿意像你现在这样有耐心听我说。而你那么好。你是第一个听我讲什么的人……现在一切都变得温暖和好起来了，我感到了，这一辈子从来没有这么觉得过。"这时候，伊丽莎白就会露出宽厚理解的微笑。

倾诉与理解似乎把人拉得很近。埃尔玛向伊丽莎白讲了她的爱，她的隐私,甚至她一次无意中的放荡。然后,她看着伊丽莎白说:"那天晚上我看了你的电影,回来照着镜子,觉得我们真像。(笑)别误会。你比我漂亮多了。但在有些地方我们很像。我觉得我可以把自己变成你。也许我可以试试。我是说心里。你不觉得吗?……当然,你也不难变成我。你可以这么做。不过,你的灵魂会显得很大,对于我太大了。怎么看都不像。"说累了的埃尔玛伏在了桌子上。伊丽莎白竟悄然开口:"你最好去睡吧,要不你会在桌子上睡着。"已经睡眼迷蒙的埃尔玛去睡了。半夜里,伊丽莎白走进埃尔玛的屋子,轻抚着她的脸颊和唇,长发散在她的身上。第二天,当埃尔玛问伊丽莎白是否曾经讲话和走进她的卧室的时候,伊丽莎白都笑着摇头。

埃尔玛的隐私和伊丽莎白的声音都是不可见和不可听的,而今却都在极度的信任中无意暴露了出来。人们之间的信任与理解似乎真的能打破听与看的界限。一旦不可看的东西被看到,不可听的东西被听到,会发生什么后果呢?

伊甸园般的时光倏忽而逝,埃尔玛无意中发现,伊丽莎白竟然写信向医生讲她听到的那些隐私。受到伤害的埃尔玛一时不知所措,觉得自己好像真的得了表现癖,把那最隐密的地方暴露给了冷漠的目光。不,我不愿意和一个不说话的人在一起!她在伊丽莎白要经过的路上放上玻璃片。看着伊丽莎白流血的脚,埃尔玛的脑子突然膨胀成一片扭曲的苍白画面。变形的鬼怪与张牙舞爪的骷髅狞笑着闪过,一枚铁钉正被重重地敲入一只手掌,那手上鲜血直流。

尘世的惶恐与安慰
Agonies and Consolations in This Life

温柔的圣微若尼卡会突然变得冷酷起来吗?手持着与她同名的耶稣像(那个凡人在她的手绢上留下的最为狼狈的裸露的伤口),她会加入到罗马士兵之中,来敲下那痛彻心肺的铁钉吗?

伊丽莎白终于开口了。就在埃尔玛恼怒至极,想把一壶滚烫的开水泼向伊丽莎白的时候,她终于发出了求饶的声音。

难道埃尔玛和伊丽莎白会变成一个人吗?当伊丽莎白的丈夫找到岛上的时候,他真的把埃尔玛当成了自己的妻子。起初还要否认的埃尔玛在男人动情的声音下竟然同他倾诉和啜泣起来;而睁大眼睛的伊丽莎白赫然站在埃尔玛的身后。

伊丽莎白穿上埃尔玛的衣服,埃尔玛也穿上伊丽莎白的衣服。埃尔玛那平静的目光残酷地看透了伊丽莎白的灵魂,那个本来最不可见的地方。在埃尔玛的逼问之下,伊丽莎白像应声虫一般重复着她的每一句话。她终于又喑哑下来,浑身战栗地听着埃尔玛审讯般的感慨:"那颜色,那突然的摇晃,那对疼痛不可捕捉的恶心,还有所有那些词:我(I)、我(me)、我们(we)、我们(us),那是什么,哪一个更近,我能抓住哪个?"埃尔玛刀子一样的眼睛终于挖出了伊丽莎白最后的秘密。一切都很美满的伊丽莎白曾经在人怂恿下想要一个儿子,但在怀孕之后却后悔了,想尽一切办法打胎流产,但是儿子终于还是出世了。伊丽莎白把儿子送到母亲家,但这个男孩却疯狂地爱着他的母亲。儿子的爱和她从心底里对他的厌恶成为伊丽莎白的恐惧和惶惑的根源,也最终导致了她的失声。当穿着伊丽莎白衣服的埃尔玛以第一人称讲完这个故事的时候,她喊叫着:"我觉得我不像你,我不像,我不是你,我只想帮助你。我是埃尔玛护士。我不是伊丽莎白·沃格勒。你才是伊丽莎白·沃格勒。我非常想要……我爱……我还没有……"

使伊丽莎白真正不愿讲话的原因竟是如此可怕。难道那个把铁钉钉入基督手掌的人竟然会是圣母马利亚?

看与听竟然会变得这么残酷!倾诉之中竟然时刻潜伏着出卖与背叛,温柔的目光竟会把你最深处的血肉暴露出来看。而更阴森可怖的,也许是那失去了声音、掩藏住真相的黑白世界?偷窥与窃听、暴露与展示癖,远远比微若尼卡的怅然若失可怕得多。当这种偷窥与窃听又蒙上一层冷漠的色调时,圣微若尼卡和圣母竟都会变成不会爱也不会恨的犹大,基督的血和肉被那些他所爱和信任但却无法窥见心灵的人们吃掉,他似乎永远地风化在那个十字架上。他对自己的死亡的体验,也永远被冻结在了那干枯的墙壁和画布上。

如果说《微若尼卡的双重生命》写的是现代的微若尼卡在失去了与耶路撒冷的微若尼卡的联系所导致的悲剧,《假面》所讲的就是两个不同的微若尼卡在这之后的故事。如果说在波兰与巴黎的微若尼卡的枯萎中,我们还能感觉到对美好之被毁灭深表惋惜的话,那么伊丽莎白的故事里就丝毫没有这种沉重的失落感了。从一开始,她就是一个缺乏最基本的母爱的冷漠女人。也许儿子对她的爱还曾经触及她的良知,但她的失声既不是后悔,也不是拒绝,而是一种麻木的回避

尘世的惶恐与安慰
Agonies and Consolations in This Life

看与听竟然会变得这么残酷

与无视。阿伽门农的儿女俄瑞斯忒斯和伊莱克特拉为报父仇而犯下弑母的大罪。母子之间这令人扼腕的爱恨纠缠究竟对伊丽莎白有什么震动呢?

伯格曼在剧本中对失声过程的描写比电影中演得更复杂一些:伊丽莎白并不是在表演过程中一下子失声的,而是在舞台上突然变得麻木,对周围的事情没有了感觉,但后来很快就好了。她回家之后好好地和丈夫吃饭说话,第二天才又拒绝说话。这,似乎不是一个处在极大痛苦中突然精神失常了的故事,而是一个逐渐变得麻木和痴呆的过程。她的拒绝说话，并不是因为有什么难言之隐不可说，而是突然对一切变得无所谓。所以，她的身心没有任何毛病，只是不想说话，甚至不是不能说话。伊莱克特拉的故事，这个导致她失声的最直接原因，并没有成为她良心发现的药石，也没有促使她更加冷酷和歇斯底里。其实她根本没什么变化，只是哑了。这种变哑究竟是在伦理困境面前的装聋作哑，还是对思考与周旋的疲惫和无奈？

不管怎么样，她的变哑当然不是幸福，但其实也不是尖锐的痛苦，不是伊莱克特拉在弑母之后的忏悔，也不是埃尔玛对叛卖行为的恼怒。它最多只是一种无奈的挣扎，甚至连挣扎也没有。

说的欲望，唱歌的欲望，爱的欲望，看上去都来自同一个东西。伊丽莎白的失声似乎意味着这些欲望的消失，就像波兰的微若尼卡倒地后巴黎的微若尼卡也不愿再唱了一样。不过，微若尼卡还是总在试图找回自己的欲爱，而伊丽莎白却连这也没有了。

与伊丽莎白不同，埃尔玛至少是有欲望的，因而也有罪感，有痛苦，有隐私，有倾诉的愿望，也有恨的可能。

但伊丽莎白也并不是没有隐私，也许她并不知道那是隐私，或者她无法或无兴趣把隐私说出来。她的沉默并不是为了隐瞒，而更多是一种无视。

当隐私被暴露出来的时候，埃尔玛会气愤，会报复；伊丽莎白却只能抱以干涩的眼泪，而这种暴露实际上不会导致她有什么改变。尽管她也会痛苦地抽搐，但母爱并不是这样就可以建立起来的。伯格曼

尘世的惶恐与安慰
Agonies and Consolations in This Life

在剧本中还写到，伊丽莎白最后一切恢复正常，回到了舞台上，就好像一切都没有发生过一样。不说话的伊丽莎白似乎只是她扮演过的又一个角色（就像哭泣的微若尼卡只是亚历山大的又一个作品）。在这部电影里，并没有微若尼卡身上发生的那种令人震动的事件，一切不过是一个小小的片段和插曲。尽管伊丽莎白并不是永远不说话，她的冷漠和麻木却似乎是永恒的，以至于连这令她失声的事件本身都显得不怎么令人在乎了。

因此，这个电影提出的最深刻的问题，并不是表面上那些痛苦的挣扎与激烈的冲突，而是背后的沉默和无所谓。正如博斯画中的父与子，他们其实比那些杀害耶稣的恶人还要可怕。那只被钉的手固然令人震撼，但更令人窒息的是背景上那阴惨惨的黑白底色和那喑哑的回声。

现代社会的困境已经不仅仅是是否看、是否听的问题，而是根本无像可看，无声可听。从天堂之路跌落的微若尼卡失去了她本来深爱的某些东西，以致与亚历山大之间的看与听变成了偷窥与窃听的游戏。而对于伊丽莎白来说，看与听都不那么重要。无论是她自己对伊莱克特拉的表演，埃尔玛的倾诉，还是她对别人隐私的出卖，都没有什么大不了的。微若尼卡的目光虽然惊惶不安，虽然可能被魔鬼吸走，但她毕竟还有所求，还在寻找着什么。伊丽莎白的目光本身却是散乱和犹疑的，其焦点将会变成一片没有任何光影的惨白；无心说的人其实也是无心听的，否则听到的永远是一片噪声。十字架上的耶稣如果在这时候消失，那他就不是复活了，而是在那名为好奇、实则麻木的目光下真的消失了。试想那好奇的父与子，难道他们真的对耶稣的尸体感兴趣吗？那肉身上的痛苦难道会有什么意义，真的值得人们去关心和窥测？

在《假面》的剧本中，埃尔玛和伊丽莎白曾经从收音机里听到过一句话："上帝啊，你是在哪个地方的，你一定是在哪个地方的，可怜我吧。"这正是《第七封印》中的骑士布洛克最后所说的话。但伊丽莎白在听到这句话时，竟然不能自已地笑了起来。如果真像亚瑟·吉布森所说的那样，伊丽莎白是上帝的代言人，那么，这个上帝甚至比《第七封印》中的死神还要残酷。变成魔鬼的甚至不只是微若尼卡和圣母，甚至包括耶稣自己？

电影最后，是开头一个镜头的继续：伊丽莎白的儿子轻轻抚摸着一张脸的形象。那个会微笑会眨眼的脸是埃尔玛的。也许，这个孩子也像他的爸爸一样错把埃尔玛当成了伊丽莎白。埃尔玛对这对父子的宽厚似乎透露出作者一丝微茫的希望。但是这个也曾因仇恨而变成魔鬼的埃尔玛，真的能够承担起拯救伊丽莎白的灵魂的重任吗？她那微不足道的爱有这么大的力量吗？她一下子变得歇斯底里，不正是在她对伊丽莎白极端信任的时候发生的吗？也许埃尔玛和伊丽莎白本来就是一个人，一个在爱恨与冷漠之间不断挣扎的女人。如果是这样，那已经从十字架上消失了的基督还可能拯救她吗？或者，真正的希望也许竟在那个羸弱的少年身上？

尘世的惶恐与安慰
Agonies and Consolations in This Life

六　小人儿

对于伯格曼所写的这个少年，除去他先天的不幸和对母亲没有来由的爱之外，我们几乎一无所知。不过，塔科夫斯基生前最后一部电影《牺牲》(*The Sacrifice*)中的另外一个少年或许能够帮助我们。

这个被称为"小人儿"(the little man)的少年是评论家亚里山大的儿子，因为咽喉做了手术而无法讲话。在整部电影之中，除去开头结尾浇树种树的情节之外，他一直都在睡觉。这个几乎与电影中的巨大灾难毫无关系的小人儿怎么会成为唯一的希望？难道就是因为孩子是八九点钟的太阳？可是，哪天的太阳不是从八九点钟走到正午和黄昏的？当每个孩子长大了的时候，他们还是会经历种种的折磨，还是会听到那巨大的轰鸣，只不过是迟一点而已。我们说孩子是希望，难道仅仅是因为他暂时不必忧心眼前的灾难？这不是自欺欺人的话吗？就像博斯笔下那对快乐的父子，无论年高年少，难道他们有可能成为人们的希望？

其实，在《牺牲》的最开头，我们还看到了另外一个孩子。那就是达·芬奇未完成的《三博士来朝》中的耶稣。在巴赫的《马太受难曲》的乐曲声中，镜头集中在画的右下侧，耶稣的手正在接过三博士中的一个所献的礼物。这个礼物是什么？据《马太福音》说，三博士所送的礼物分别是金子（象征耶稣的王位）、乳香（象征他的神性）

微若尼卡的第三重生命

他们的来访,如果说有什么神圣的使命的话,就不仅仅是来朝拜这个未来的万王之王和救世主,而且要预告他的惨死。(达·芬奇作品)

尘世的惶恐与安慰
Agonies and Consolations in This Life

和没药（象征他日后的牺牲）；而耶稣手中接过的，正是这没药。后来在邮差奥托送给亚历山大19世纪的欧洲地图的时候，他说的"不是每个礼物都意味着牺牲吗"，或许正暗指耶稣接过的礼物（在博斯所画的《三博士来朝》中，一件礼物上雕刻着亚伯拉罕献出以撒的故事，更清楚地点出了礼物的意涵）。那么，就在为这新生的人子祝贺的时候，这些不晓事的客人竟然预告了他日后悲惨的死亡。而在这个孩童稚嫩的脸上，不仅没有丝毫懵懂与天真，甚至不经意间还露出几丝皱纹。

那来自东方的所谓三博士（Magi）兼有巫师、祭司、先知的意涵。他们的来访，如果说有什么神圣使命的话，就不仅仅是来朝拜这个未来的万王之王和救世主，而且要预告他的惨死。三博士来朝并不是什么喜庆吉祥的日子，而是充满了悲凉与不祥的时刻。如果说哀矜像是作为死者的耶稣作出了活人的姿势，那么，这里的耶稣就是在刚刚出世的时候就感到了自己必将受苦的命运。或许这就是奥托在看到这幅画时说达·芬奇令他恐惧的原因吧。而这，不也是奥托来为亚历山大庆祝生日的目的吗？

耶稣接过了那礼物，似乎承诺了要饮下这苦杯。他不是不懂事的顽童，更不是故作无畏的英雄。孩童的脸上露出了不易察觉的哀伤。

镜头徐徐推进，打在圣母身后的一个树干上，然后沿着它慢慢上升，直到那繁茂的叶子。于是，镜头又切换到另一棵几乎一模一样、只是没有叶子的树上。树下面，亚历山大一边讲着他对人类命运的担忧,一边叫小人儿种好这棵树。他向儿子讲了一个修道士的故事。那个僧侣有一棵同样的树,由于他每天坚持不懈地为树浇水,那树终于长出了绿芽。这个故事并不是我们熟悉的铁杵磨成针之类的励志寓言。那树本来其实是不可能成活的,或许就是我们所谓的铁树。因此,亚里山大所希望的,乃是一个不可思议的奇迹,就是让这树也像达·芬奇画中的那棵一样,枝繁叶茂。

那么,在刚出世的耶稣和即将赴死的耶稣之间,究竟有什么区别呢?当狼狈不堪的囚犯变成了天真无邪的孩童,当微若尼卡变成了圣母马利亚,当复活节变成了圣诞节,当隆重庄严的圣餐礼变成了欢天喜地的大年夜,是不是意味着一种宗教的平庸化呢?是不是圣言在这变化过程中已经成为没有圣灵的血肉,苦难已经失去了存在的价值?

奥托讲了这么一个故事:一对母子在儿子即将参军前拍了一张合影。儿子出征后没有几天就战死了,母亲没有取他们的照片。二十多年后,母亲在一个完全与记忆无关的城市里又拍了一张照片,却在取出来的照片上看到,在她的身旁,赫然站着身着戎装的儿子。这个儿子,和亚里山大的小人儿一样,也是婴儿耶稣的另一张脸。这张死而复生的孩童的脸有何含义呢?

死而复生,就是复活。回到博斯的三联画《圣格列高利的弥撒/三博士来朝》。我们在它的外部看到了哀矜像和祭坛上的受难。显圣的耶稣和被钉的耶稣都恰好在两翼的中缝上;当人们把画的两翼打开的时候,就把两个耶稣都从身体中间分开了,一如雅各布斯(Lynn

尘世的惶恐与安慰
Agonies and Consolations in This Life

Jacobs）指出的，这就如同圣餐礼中的擘饼。[1] 而当看画的观众真的把耶稣的身体当做面饼分开的时候，他们看到的，正是面对三博士来朝的婴儿耶稣。耶稣死后是什么？其实就是这个新生的婴儿。这个新生的婴儿为什么一脸沧桑？不只是因为他已看到了自己的命运，而且因为他已经经历了死亡。

当耶稣向他的门徒展示身上的伤口的时候，当他又为门徒们擘开一块面饼的时候，当他向抹大拉的马利亚显现的时候，我们看到的并不是一个死而复生的显灵故事，而是一个全新的开始。作为人子的基督，他的事业难道真的会一劳永逸地"成了"吗？难道他真的会有一天彻底完成自己的使命吗？圣诞、受难、复活，难道真的是一部按时间顺序发展的三部曲吗？

奥托，这个自比为督促查拉图斯特拉下山之精灵的邮差，面对达·芬奇的画时一脸骇然，自称更喜欢弗朗西斯卡（Piero della Francesca）。这句话无疑暗指了塔科夫斯基的另一部电影《乡愁》。三博士来朝像频频出现在《牺牲》中，而弗兰西斯卡的怀孕圣母像则几次出现在《乡愁》中。前者献给了作者的儿子，后者献给了作者的母亲。而且，前者中的亚里山大和后者中的多米尼克由同一演员扮演。在《乡愁》中，安德烈面对镜子时看到的却是多米尼克的像。这个情

---

[1] Lynn Jacobs,《博斯的三联画》（"The Triptychs of Hierongmus Bosh"）, in *Sixteenth Centure Journal: The Journal of Early Modern Studies*, Volume XXXI, No.4, Winter 2000.

节本来出现在《镜子》的剧本中：阿历克谢在耶稣变容节的前夜梦见自己在镜子里看到一个陌生人的脸。那么，亚里山大就是多米尼克，多米尼克就是安德烈，而安德烈就是阿历克谢，阿历克谢在镜子中看到的，就是耶稣的脸。而这个阿历克谢，就是作者自己。安德烈和阿历克谢对家园的思念，多米尼克和亚里山大对"一个重要日子"的等待，阿历克谢在尸床上放飞的鸟儿，安德烈在浴池中举起的蜡烛，多米尼克在自己的身上点着的火焰，以及亚里山大烧毁房屋的熊熊烈火，是不是都是同一个东西呢？这同一个东西是什么？塔科夫斯基笔下这么多"圣愚"（Holy fool）那慌张的神色和古怪的行为究竟有何含义？母亲、儿子、爱、火，这些究竟和那么多的牺牲有何关联？

如果说这么多牺牲者都是受难的耶稣的脸，而小人儿又是婴儿耶稣甚至复活了的耶稣的一张脸，那么，难道小人儿和亚里山大也有什么共同之处吗？

《牺牲》中最能打动人的情节，大概要算亚里山大与马丽亚共度的那个夜晚了。

那一天，核袭击的恐怖笼罩了所有的人，亚里山大的妻子歇斯底里得近乎疯癫，哭诉着与亚里山大的种种不快。原子弹，这个科学技术的巨大怪物，大概最能体现出现代社会的偷窥与窃听所带来的灾难了。所谓的科学家仿佛真的看到了天堂的秘密，而且真的能够制造出一个可以毁灭人类的敌基督。僭越上帝的大罪不再限于微若尼卡这种弱女子的彷徨，也不再只是伊丽莎白的苦恼和麻木。魔鬼不再在个体

尘世的惶恐与安慰
Agonies and Consolations in This Life

的心中隐伏跟踪；它不仅要看透一切人的隐私和秘密，而且要冒充圣言来毁灭这一切。

其实，核袭击的恐怖还只是外在的。正如亚里山大的妻子和马丽亚后来所暗示的，最大的恐怖其实还是家庭中的矛盾和相互不解，从某种意义上说，亚里山大和伊丽莎白遇到的一样，是无像可看、无声可听的问题。热衷于作名演员夫人的女人怎么可能理解亚里山大放弃事业的苦心？对女仆发号施令、颐指气使的她怎可能懂得真正的爱与复活？后悔放弃了伦敦生活的她又如何懂得纯洁的小人儿睡梦中对圣言的倾听？不正是这些苦痛与冷漠，最终变成了楼顶上那巨大的轰鸣和尖锐的声响，这不正是承载这个敌基督的伪圣言吗？

仿佛和那三个博士一起，亚里山大跪在婴儿耶稣的面前，请求结束这一切灾难。为了挽救他的妻子、儿子、朋友，那些信神的人和不信神的人的生命，他愿意放弃一切，放弃自己钟爱的小人儿和家庭，终身不再讲话，只求上帝能够恢复一切，使世界变得"和今天早晨与昨天一样"。亚里山大祈祷完就睡了，梦见自己拖着一截鞋带在雪地中徘徊，不断感到刺骨的痛。巨大的静默中却隐然有着更大的声响：鸟儿的鸣叫，雪沫飞动的声音，一个女人忽远忽近的唠叨，若有若无的天使拍动翅膀的声音。

奥托突然惊醒了他的梦，告诉他唯一一个希望，就是他连夜去找到他家的女仆马丽亚的家，和她睡觉，那女仆的家在一个废旧的教堂旁边。一片懵懂的亚里山大骑着自行车跌跌撞撞地来到马丽亚的家。

面对这个下贱的仆人，亚里山大就像遇到亲人一般娓娓讲起他的妈妈和家里的花园。马丽亚对黪夜来访的男主人感到莫名其妙，但还是安静而入神地听着他的讲述。她好像听懂了亚里山大的故事，疑惑的眼神变得温柔起来。

时间不早了，亚里山大说："求你，今天能不能爱我一点点？"当马丽亚还是不明其中关窍、意欲陪亚里山大回家的时候，亚里山大用一把手枪支在了自己的下颌。马丽亚看到这个骇人的姿势，什么也不再问，一切都明白了。她如同安慰一个受了委屈的孩子一般，温柔地抚慰着亚里山大："这是为什么？天，我可怜的宝贝。过来。不要，不要。你到底怎么了，谁让你害怕了？他们对你做什么了？平静下来，平静下来。我明白了，家里一定又出什么乱子了……我了解她，她太凶了……你受伤了，你吓着了……什么也别怕，一切都会变好的，一切都会变好的……"

在这温软的言语中，亚里山大除去了衣服，伏在马丽亚的怀中，委屈地啜泣着。那么多表现性爱的电影，大概没有哪一个像此处这样认真地写出爱的高贵和神圣。没有高潮的呻吟，没有欲望的饥渴，有的只是沉沉的黑夜、暗淡的床铺、毫不设防的哭泣和绝不做作的抚慰。亚里山大进入了梦乡：废墟和袭击，一群慌张的人群，充满恐惧地拥挤、奔跑。而在这恐怖画面的尽头，马丽亚轻轻坐在床边，一身圣洁的衣衫。镜头又渐渐切换到亚历山大家中，在曼妙的日本笛声和达·芬奇的绘画的背景下，一个裸体女子跃过走廊。马丽亚，就像天使一般显现在帷幕中,然后,又渐渐地消失了。

这是什么样的爱呢?亚里山大与马丽亚既不是心有灵犀,更谈不上两情相悦,简直就是焦大与林妹妹。

也许更重要的是,亚里山大像孩子一样被马丽亚看到和听到了,就像圣母听到了自己儿子的苦楚,轻轻地抱起受伤的耶稣;就像圣微若尼卡听到了耶稣的呻吟,给他擦去一脸的血迹;就像埃尔玛抚慰一个陌生的男人;就像伊丽莎白的儿子疯狂而毫无来由地爱着他的母亲。爱,使一个历尽沧桑的人变成赤子,也许这才是真正的复活。在这里,爱也许是毫无缘由的,但真正的爱却可以是一切伟大事业和真正奇迹的缘由。基督对世人的爱,并不是两情相悦之后的如胶似漆,而是焦大爱上林妹妹一般不可思议。爱邻人,甚至爱敌人。

正是在这一点上,亚里山大和他的儿子一样,也是赤子耶稣的一张脸。这张脸,不一定要傻乎乎地天真无邪,也不一定要充满青春的朝气,但要懂得爱,可以接受爱,可以在温柔的目光和抚慰面前轻轻啜泣。爱,难道还有别的什么含义吗?

复活,回到赤子之心,就像多米尼克和亚里山大所呼吁的,回到开始走错的地方,也许是人们唯一的出路。但是,这种永恒复归真的是按原路返回吗?复活的故事不是在告诉人们,只有向前经历一切苦与痛,才能真的重新变成赤子?

亚里山大和多米尼克所痛心疾首、愿意牺牲一切来挽救的,是现代人类无法听到圣言、更无法向圣言歌唱的大罪。《乡愁》中有一段圣凯特琳与上帝的对话：

"主，你看他在怎样探问，向他说些什么吧。"
"但是如果他听到我的声音，会有怎么样的后果？"
"那你应该让他感到你的存在。"
"我一直在这么做，只是他不能觉察。"

"在一开始就有圣言，但你却沉默得像一条鱼。"亚里山大对小人儿说。"言语，言语，言语。……"默念着哈姆雷特的台词，亚里山大觉得太多的人言已经遮住了圣言。这似乎与伊丽莎白的喑哑不同，实际上却是一个问题的两个说法。

基督教中真的还有圣言吗？就像上帝对凯特琳所说的，言是不能被直接听到的。和犹太教不同，基督教的上帝已经完全取消了直接说话的可能。如果圣言真的被听到，会有什么后果？上帝究竟在担心什么，宁可不被人们察觉，也不愿张开圣口？难道他担心下界的人们被吓着吗？

或许正是如此。上帝如果真的开口说话而不通过圣子，人们也许真的会惶恐颤栗、手足无措。而通过圣子这个肉身来认识圣言，其根本含义在于自由和爱。上帝不会强迫任何人去做什么，去遵从什么；但圣子却在明确地用自己的牺牲和爱告诉你应该怎样生活。自由的生活是危险的，因为人一旦获得自由，就可能不再朝向上帝，自由地走向不自由。这不正是多米尼克在演讲中所说的吗？

从摩西记录的言到圣子成像的言，并不是一个可有可无的变化。基督教的上帝只能通过圣子的像来说出圣言，通过赤子耶稣、被钉的耶稣、哀矜的耶稣、复活的耶稣来引导人们。要在危险的自由中走向上帝，就像安德烈手持蜡烛走过浴池一样。可怕的并不是人们有了看与听的自由，而是这种自由不再向上：倘若安德烈在浴池里中途停下；倘若那看的眼与听的耳离开了上帝。

这世界中确实没有什么可听的，难怪伊丽莎白那里会变成一个无声的世界了；但在圣言沉默的世界，却响起了各种各样巨大的声响。

塔科夫斯基后期的电影越来越注重音响的复杂，这在《乡愁》和《牺牲》中尤其明显。在《牺牲》这部两个多小时的电影中，除了开头结尾的巴赫与偶尔的日本笛声外，全片再无一点音乐。但其中却有250种不同音响：动物的鸣叫、水的流动、火的燃烧、雪的飘浮、一个不断出现的女人的声音，还有原子弹袭击前夕的恐怖轰鸣。

无声可听或许尚可忍受；但每天被包裹在伪圣言的咕哝与嘈杂之中，亚里山大说，我欲无言。

无言并不是一种隐遁或逃避。多米尼克和亚里山大都说，要拯救自己的孩子，拯救家人，拯救全世界的人，"要做点什么"。无言更是为了听，亚里山大的失声与伊丽莎白的失声有着根本的不同。亚力山大曾经放弃了演员的职业，这几乎是对他后来拒绝说话的一种暗示；而伊丽莎白却从来没有放弃当演员，失声的她甚至是她扮演的另一个角色。演员、作家、科学家，这些也许是现代社会听与看的最重要的代表。而今，亚里山大却要放弃这一切。（谁知道，也许这个亚里山大就是那个曾经研究微若尼卡的亚历山大？也许，亚里山大来到的海岛就是伊丽莎白来过的海岛？）不过，亚里山大和多米尼克对科学与艺术的放弃本身却有着更浓重的书生气。也许，这种舍弃并不是真正的放弃，正如离家本是为了回家。他们的牺牲真的可以永远地解救人类吗？也许一切不过是重新开始，正如复活的耶稣又变成了婴儿。

多米尼克把一家人关了七年，为的是等待世界的末日，然后，他在贝多芬《第九交响曲》的"欢乐颂"中自焚而死；亚里山大拯救了人们，然后遵从诺言，用一把大火烧掉了与尘世生活的一切关联，从此不再说话；安德烈连续三次穿越浴池，独将此火高高举起，耗尽最后的生命。

三个人要么疯癫，要么死去。可是，塔科夫斯基在多米尼克死去的时候，为什么要用"欢乐颂"的音乐？

多米尼克在点燃火焰前叫着圣母的名："啊，圣母！空气就是在你头上流动的那轻飘的物；当你笑的时候，它会变得清晰。"生命将尽时他最后的言，是自己女儿的名："左伊，左伊。"

恰恰是这"欢乐颂"雄壮而充满希望的乐曲，使人们从烈士自焚的惨烈中回首，在救世者被关进救护车的诧异中沉静，在本来懦弱的知识人颓然倒下的哀痛中振奋，就像复活使人们从耶稣自愿赴死的哀痛中清醒。耶稣的死也许本来是可以避免的；但复活绝不意味着被钉

尘世的惶恐与安慰
Agonies and Consolations in This Life

十字架是一个不该有的事故。一切并不应该仅仅被理解为悲剧。多米尼克为什么会提到圣母的笑？在烈焰吞噬他的一刹那，人们为什么应该欢乐？这些问题完全可以翻译成基督教中可能常常被问到的问题：耶稣的死为什么是福音？十字架上的哀号为什么会变成人们的喜悦？据说，耶稣从来没有笑过；他一直是严肃的，是满怀悲情的，或者说，终身都在悲剧中度过。但是，当他的悲剧故事达到最高点，当苦难的一生变成了干枯萧瑟的十字架的时候，一切却突然变成了笑。

真正的宗教怎么能永远是悲剧？可是轻浮的喜剧又如何对抗生活的沉重？灵魂的提升只能以喜剧的形式；而卑微的人在朝向上帝的时候，却永远在悲剧之中。博斯笔下快乐的旁观者其实不懂喜剧；而微若尼卡和伊丽莎白的悲剧将只能消失在苍白的世界中。欢乐，乃是彻底沉沦于尘世的人听到圣言时的大喜悦；笑，乃是复活并化为孩童后凝重的许诺。看圣像，也许永远是一个悲剧的过程；但在歌唱中从圣像中听出真正的圣言，却是喜剧。以死彻底否定现世的罪，表达了最大的希望。这希望，不是彻底脱离苦海轮回的终极解脱，而恰恰是化身孩童再来一遍的勇气。所以，亚里山大要向小人儿讲述那些繁琐的道理，多米尼克要在死前呼出爱女的名。他们是真爱的人，他们是幸福的人。

茵茵碧草、昭昭雾气，安德烈 / 亚里山大 / 多米尼克仿佛回到了家中，看到了自己的妻子和孩子。他在地上轻轻坐了下来，竹篱茅舍、狗吠鸡鸣。冷月在天，雪落无声。那俄罗斯式的房子，却笼罩在意大利大教堂之下。《乡愁》的结尾静得出奇。

左伊问多米尼克:"这就是世界的末日吗,爸爸?"

在为他的铁树浇水之后,小人儿躺在树下;他已经可以说话了:"在一开始就有圣言,为什么呢,爸爸?"

2001年9月8日于康桥绛园

生的悲剧，死的喜剧

那也是一个沉沉的暗夜，一位同样美丽而贞洁的卢克莱西亚安静地睡在房中。不久之前，她的丈夫柯拉廷诺斯炫耀般地带着一大群醉醺醺的客人来到了家里。原来，这些人在酒醉之后各自谈起自己妻子的美丽和美德，并且趁着月色前去对证。就在其他那些贵妇都趁机寻欢作乐的时候，只有卢克莱西亚在织机上勤于女红，使所有人为之动容。

生的悲剧，死的喜剧

一　罗马的哀歌与佛罗伦萨的欢笑

和微若尼卡一样，卢克莱西亚也是西方人都很熟悉的一个女孩子。也和微若尼卡一样，卢克莱西亚的各种形象也积淀着人们对生死爱恨的理解。我们先从一个喜剧中的卢克莱西亚讲起。

马基雅维利笔下的卢克莱西亚（Lucrezia）[1]是佛罗伦萨的一个女子，美丽而且贞洁，但因为没有子嗣，和丈夫尼洽非常忧心。一天，一个名叫卡利马科的人告诉尼洽，有一种用曼陀罗花做的送子良药。不过，卢克莱西亚吃药之后，第一次与她同床的人会很快死去。因此，她必须先和陌生人共度一夜。卢克莱西亚既不愿意无故害人性命，更不愿意和陌生男子同床。但她最信任的神父提摩太却受了贿赂，告诉她，没有必要因为害怕一个人可能死去这种不确定的恶，而放弃必然得子这个明摆着的好处；没有心灵愉悦的肉体之欢不是奸

---

[1] 本文涉及《曼陀罗》的地方，主要参考徐翔先生的译本（上海人民出版社，2003年），一些地方为行文方便有改动。

尘世的惶恐与安慰
Agonies and Consolations in This Life

淫。神父这番虽然大乖常情却振振有词的话终于使卢克莱西亚哑口无言，不情愿地答应了丈夫的安排。于是，在饮下曼陀罗花之后，丈夫送来了一个赤身裸体的男子，据说，就在这个年轻人在月色下独自吹笛的时候，他被莫名其妙地送进了卢克莱西亚的闺房，并被强行脱光了衣服。于是，卢克莱西亚享受了那据说没有心灵参与的肉体之欢。这之后，那个赤裸的男子却坦白说自己就是卡利马科，并且毫无保留地告诉卢克莱西亚，自己是如何仰慕她的美丽和贞洁，他是如何与神父合谋骗过了尼洽，以及他是如何珍惜这短暂的一夜。这种苍白的坦诚和赤裸的心机使得卢克莱西亚不仅答应和卡利马科继续往来，而且愿意在尼洽死后与他结合。

这就是《曼陀罗》的故事。它使佛罗伦萨的人们很自然地想到两千多年前生活在罗马的卢克莱西亚。

那也是一个沉沉的暗夜，一位同样美丽而贞洁的卢克莱西亚（Lucretia）安静地睡在房中。不久之前，她的丈夫柯拉廷诺斯（Collatinus）炫耀般地带着一大群醉醺醺的客人来到了家里。原来，这些人在酒醉之后各自谈起自己妻子的美丽和美德，并且趁着月色前去对证。就在其他那些贵妇都趁机寻欢作乐的时候，只有卢克莱西亚在织机上勤于女红，使所有人为之动容。然而，这种对美丽和德性的赞叹却在不知不觉中滋养了人们的邪念。和卡利马科一样诡计多端的王子塔昆（Tarquinius）趁她丈夫不在登门造访。就在卢克莱西亚殷勤款待之后，这个像野兽一般粗鲁的王子却钻进卢克莱西亚的卧房。

生的悲剧，死的喜剧

塔昆就这样蹂躏了美丽而贞洁的卢克莱西亚。（提香作品）

尘世的惶恐与安慰
Agonies and Consolations in This Life

柔弱的卢克莱西亚并不屈服,但塔昆却威胁要杀死一个小奴隶放在床边,说道:"如果你不从,我就杀死你,然后说你和他通奸。"塔昆就这样蹂躏了美丽而贞洁的卢克莱西亚,然后扬长而去。

卢克莱西亚叫来了自己的丈夫柯拉廷诺斯、父亲卢克莱修斯(Lucretius)[1],以及他们的朋友瓦勒里乌斯(Valerius)与布鲁图斯(Brutus)。在讲完整个经过之后,她请求人们一定要为自己报仇,然后将一把尖刀刺进胸口。就在丈夫和父亲啼啼哭哭的时候,布鲁图斯却拔出那把沾满了卢克莱西亚鲜血的尖刀,对天发誓,然后带领罗马的百姓驱逐了塔昆家族,建立了罗马共和国,与柯拉廷诺斯一起成为共和国的执政官。

这是李维和奥维德分别记下的一个故事。卢克莱西亚的受辱和自杀成为世界历史上一个著名的政治事件。

马基雅维利在《论李维的前十书》中谈到李维笔下的这个故事时说,卢克莱西亚的自杀也许没有人们想象的那么重要。即使没有卢克莱西亚的自杀,已经多行不义的塔昆王朝也总会垮掉。显然,佛罗伦萨的卢克莱西亚没有自杀这一点成为她与罗马的卢克莱西亚最大的不同。就在自杀讨论者们无数次地重提卢克莱西亚的故事时,马基雅维利却以异常冷酷的方式,不动声色地表达了他对自杀的态度。

---

[1] 笔者有意不把他的名字译为卢克莱修,因为卢克莱西亚的父亲并不是《物性论》的作者。不过,他们属于同一个家族。

罗马人据说是以自杀出名的。尤其在希腊哲学特别是斯多亚派在罗马大行其道的时候，自杀几乎成为一种风尚。与卢克莱西亚齐名的加图，在恺撒大军压境、布鲁图斯建立的那个共和国岌岌可危的时候，一只手捧着柏拉图的《斐多篇》，另一只手把匕首刺进心脏。卢克莱西亚和加图大概可以算作古罗马的烈妇和义士，后来他们的名字几乎成为自杀的代名词。塞涅卡、克丽奥佩特拉、安东尼，以及刺杀恺撒的布鲁图斯（他自称是缔造罗马共和国的布鲁图斯的后裔）也都成为著名的自杀英雄。"像罗马人那样死"已经成了流传颇广的成语。

在很多方面都要效法罗马人的佛罗伦萨人为什么不再崇拜卢克莱西亚的死了呢？在两个卢克莱西亚之间，究竟发生了什么样的变化呢？本来和罗马的卢克莱西亚一样贞洁的女子，究竟因为什么改变了心意？马基雅维利把一段关于强暴和自杀的历史改写成一个关于阴谋和通奸的喜剧，究竟有什么重大含义呢？

不难看出，在佛罗伦萨的卢克莱西亚的故事中，那个神父是改变她的关键。卢克莱西亚奸淫而不堕落，背叛而依然贞洁，这一切都要从教堂中的那一番开导寻找根源。毫无疑问，马基雅维利写下提摩太的时候充满了对教会和教士的嘲讽。不过，这种讽刺不仅没有否定基督教，反而赋予它一种至关重要的力量。正是这个贪婪而又自私的神父，不但成全了卡利马科的好事，而且做到了罗马的卢克莱西亚的丈夫和父亲都无法办到的事情：劝说卢克莱西亚放弃轻生的念头。没有他，两个卢克莱西亚之间巨大的变化是不可能发生的。正是提摩太这个虽然德行有损却手握与上帝对话的权柄的家伙，成为马基雅维利的野心得以实现的支点；也恰恰是这个道貌岸然的神父，才使得一个本来很龌龊的故事变成一个严肃的政治成就。而正是这样一个政治成就，把罗马的卢克莱西亚的自杀与共和国创立之间的政治关系也轻轻剥落了。

也许，当有些学者指出这位提摩太正是暗指了保罗所致书的提摩太的时候，很多人会觉得匪夷所思。但我们如果把这个丑角那些明显强词夺理的言论和圣奥古斯丁对卢克莱西亚事件的讨论放在一起，就不得不惊讶于两者何其相似乃耳。[1]

面对满腹疑虑的卢克莱西亚，提摩太这样说道："说到良心嘛，您得抓住这么个原则：要是明摆着有好处（善），没准也会有坏处（恶），那咱们就不能因为怕坏处就把好处也给放过了。如今这好处是明摆着的，也就是您能怀上孩子，您能为我主天主得一个生灵；当然没准也会有坏处，您喝了药后跟您睡觉的那家伙，会死掉；可也有人不死。但因为这事儿不是很靠得住，所以尼洽老爷最好不要去冒这险。要说这行为是有罪的，那可是故事啦，因为犯罪的是意志，而不是身体；犯罪的原因是让丈夫不开心，而您是讨他欢心的……"

这些理由是深知卢克莱西亚的贞洁和明智的提摩太绞尽脑汁想出

---

[1] Mera Flaumenhaft,《喜剧的救治：马基雅维利的〈曼陀罗〉》("The Comic Remedy: Machiavelli's Mandragola"), *Interpretation*, 05/1978; Ian Donaldson, *The Rapes of Luctretia*, Oxford: Oxford University Press, 1982.

来的,是为他的既是拉皮条又是成人之美(或成人之恶?)的伎俩胡乱拼凑的说辞。而他的关于那个同床的人未必会死的讲法,根本是连卡利马科都从未提到的杜撰。事后提摩太还自责因为太乐于助人而做了这件恶事。可是,这些连邪恶的神父都不相信的理由,竟然真的就说服了卢克莱西亚。若说教会的衰朽之气足以令人窒息,恰恰是在这片腐臭的土壤上,才能成就卡利马科的偷香窃玉之志和淫而不污的贞洁之花。面对提摩太那闪烁的眼神和卡利马科那臃肿的面具,卢克莱西亚不仅真诚地默念着基督的名,而且以一片虔敬之心把自己献给了那个明摆着的好处。这是为什么呢?

提摩太的这些理由并不是空穴来风,其根据正是奥古斯丁对罗马的卢克莱西亚的评价。在《上帝之城》的第一卷,奥古斯丁非常详细地讨论了卢克莱西亚和加图的故事,并提出了他关于自杀的一般看法。在这卷书的第25章讲到女基督教徒在面临奸淫时是否可以自戕的时候,他写道:"犯下一个可以通过告解而赦免的罪,难道不比犯下一个连告解补救的余地都不留下的罪好吗?我说这些,是针对那些男人和女子,那些不是因为别人的,而是为了避免自己犯罪,为了自己不要在别人的欲望下主动配合,从而想到对自己施加暴力褫夺生命的男人和女子。"这里说的正是提摩太的第一个理由。

在同一卷书的第18章,奥古斯丁讲到了提摩太的第二个理由:"有人会害怕别人的欲望污染自己。如果那真是别人的欲望,那就污染不了;但是如果会污染,那就不是别人的。因为贞节是心灵的美德,与坚韧的美德为伴,人们靠这坚韧,可以忍受任何坏事,而不肯赞同坏事。不论多么高贵和贞洁的人,也没有能力完全控制自己的肉身,但是心志完全可以赞同或拒绝:如果一个人碰巧被抓住,遭到挟制,被别人用来发泄和满足欲望,而不是满足她自己的欲望,那谁能认为她自毁贞节了呢?"他进而说道,身体是神圣的,但这并不意味着它的每一部分必须完美无瑕。如果一个妇科医生因为技术不熟练或别的什么原因而弄破了一个女子的处女膜,这并不意味着这个女子失去了贞操。因此,那些受到侮辱的妇女实在没有必要自杀,因为她们并没有犯罪。"她不能为了别人侮辱自己,这种不确定的,而且不是她自己的罪,而犯下谋杀这种确定的罪。"

至于卢克莱西亚,这个被异教徒大为推崇的女子,尽管其情可悯,其心可嘉,但自杀仍然是不对的。奥古斯丁设想了两种情况。第一,卢克莱西亚没有犯奸淫之罪,而是在塔昆的逼迫之下被强奸的。卢克莱西亚是无辜的,因为"二人同床,一人犯奸"(*duo fuerunt et adulterium unus admisit*),这对于她,不过和妇科医生的一个失误没什么两样。那么,她就无权杀死自己这个无辜的人。第二,卢克莱西亚虽被诱惑,但是在与塔昆欢愉之际,暗中配合王子,获得了快乐。如果是这样,她就是奸淫者,不配受到人们的赞美。不过,即使是在这种情况下,她也应该乞求她的那些异教神祇赦免自己的罪过,而不是自杀。奥古斯丁谈到了犹大,这个犯下了滔天大罪的人,自杀也并不能赦免他的罪,反而会使之加重。在奥古斯丁看来,任何其他的罪过都是可以通过告解获得赦免的,唯有自杀不能,因为它使人彻底丧失了向上帝告解的可能。自杀者没能对上帝寄予足够的希望,不相信上帝是可以赦免所有的罪的。

非自愿的罪不是罪,这个说法既不是提摩太的杜撰,也不是奥古斯丁的发明。

当罗马的卢克莱西亚向丈夫和父亲讲述自己的遭遇的时候,她说:"身体虽然受到如此侵犯,灵魂却依然无辜;死亡就是证据。"(*corpus est tantum violatum, animus insons; mors testis erit.*)父亲和丈夫却用相似的道理来劝她不要自杀:"心灵犯罪,而不是身体;不自愿的情况下没有罪。"(*mentem peccare, non corpus, et unde consilium afuerit culpam abesse*)奥古斯丁和提摩太的理由似乎早就被他们说出来了。那么为什么柯拉廷诺斯带着泪的劝告不能挽救罗马的卢克莱西亚的生命,提摩太胡乱祭出的几句话却足以使佛罗伦萨的卢克莱西亚委屈承欢呢?更加不可理解的是,罗马的卢克莱西亚不正是出于同样的理由要自杀的吗?在卢克莱西亚必须自杀的理由和奥古斯丁不准自杀的理由之间,难道有着什么关联吗?

无论卢克莱西亚、柯拉廷诺斯、奥古斯丁还是提摩太,都在说心灵是决定是否犯罪的更高贵的东西。除卢克莱西亚之外的所有人都用这一点来证明,正是因为没有心灵参与的奸淫不是罪,没有必要因为身体的受辱而惩罚自己;而卢克莱西亚却推导出,只有靠死才能证明灵魂确实没有犯罪。为什么同样的前提推出了相反的结论?卢克莱西亚说道:"不要让罗马的妇女在犯奸淫的时候以卢克莱西亚为借口。"她的自杀并不是为了惩罚自己,她从来没有认为自己是不贞洁的。她是要告诉整个罗马的妇女们,美德是一种比生命更重要的东西。卢克莱西亚的死,是真正的罗马人的死。如果说卢克莱西亚的自杀是塔昆家族覆灭的开始,那她的死同样为即将到来的共和国立下了美德的第一块基石。那么,景仰上帝之国的奥古斯丁和远接古罗马的光荣的马基雅维利为什么又否定了她的自杀呢?

奥古斯丁虽然也认为心灵是高贵的,却同时认为身体也是神圣的。尽管对此生不必恋栈,人们应该向往死后的天堂,但生命本身却是不可被轻易毁弃的。为什么不朽的灵魂是可以有罪的,可朽的身体反而是神圣的呢?这个看似悖谬的说法揭示了奥古斯丁与卢克莱西亚最大的不同。身体神圣性的最直接理由是因为它是上帝的造物。但难道不是一切都是上帝的造物吗?为什么我们可以毁弃另外一些东西,却不能损坏身体呢?

阿甘本(G. Agamben)在《神圣的人》(*Homo Sacer*)[1]一书中指出,人的生命的神圣性是在古典的罗马法中已经有的观念了,它包括两个含义:不可用来祭祀和可以被合法地杀掉。这两个看似矛盾的说法让后人百思不解,但阿甘本却指出,这种不可用来祭祀而又可以被杀的

---

[1] Giorgio Agamben,《神圣的人》(*Homo Sacer*), Stanford: Stanford University Press, 1998.

人，是一种居于宗教秩序边缘和政治秩序边缘的人。神圣的人，是一种必朽的神圣物，是一种非政治的政治存在。这个解释可以帮助我们理解奥古斯丁的说法的革命性意义。奥古斯丁并不是最早讲到生命的神圣性的人，但他却用上帝把身体的神圣性绝对化，从而也政治化了。由于上帝的存在，所有的人都不能再用身体献祭，所有的人都可能被合法地杀掉。神圣的人不再是某些个别的人，而成为所有的人的根本处境。阿甘本没有注意到，奥古斯丁的这个革命，是"神圣的人"从神秘的仪式到基本政治假设的重要转变。

那么，自杀的人究竟是用自己来献祭了，还是把自己合法地杀掉了呢？如果是前者，看来应该是禁止的；如果是后者，为什么自杀还不被允许呢？奥古斯丁的着眼点恰恰是后者。正是因为每个人都是可以被合法地杀掉的，上帝更要禁止这种杀戮。正是因为每个人都面临着被杀的危险，上帝才会说："不许杀人。"对"神圣的人"的政治化正在于，承认它的前提，但以法律禁止它的危害。在没有先知和基督之前，那些在原罪的泥潭中挣扎的神圣的人，不是时时都可以被合法地杀掉吗？奥古斯丁用基督教的理论重新解释了"神圣的人"的观念，使之成为对人的生存处境的基本政治假设。这使他对自杀这种特殊的杀人的理解根本不同于罗马的卢克莱西亚。

柯拉廷诺斯的说法似乎与奥古斯丁相似。不过，他并没有充足的理由证明尘世值得留恋。为什么不能为了证明自己无辜而自杀？难道仅仅是为了贪生怕死吗？难道仅仅是为了夫妻相守吗？这样的理由怎能说服崇尚德性的卢克莱西亚呢？只有上帝才有足够的理由证明，守住自己神圣的身体并不是为了贪恋尘世。

如果从"神圣的人"的角度理解奥古斯丁的说法，那所谓心灵没有犯罪的讲法也要打个折扣。他所谓的心灵没有犯罪，意思是，心灵没有犯一个像毁坏身体那样不可饶恕的罪，和他说的不必为了避免小罪而犯大罪的意思是相似的。不仅被奸淫是可能有罪的，而且就是不被奸淫的人们，本来不就挣扎在原罪中吗？当只有个别的几个人是神圣的人的时候，他们是可以被合法杀掉的；当所有人都是神圣的人的时候，那这种合法杀掉就不再是一种神圣的状态，而变成了必须避免的罪的状态。

奥古斯丁对神圣的人的政治化使它从一种超凡状态变成了罪的状态，而奥古斯丁的说法正是从卢克莱西亚那里发展而来的。奥古斯丁甚至曾经说，因为异教哲学家没有认识到上帝，他们说的所有美德都可以看成罪过。这句话告诉我们，一旦引入上帝，观念的转变会多么巨大；而这巨大的改变背后，又有着血肉般的关联。

身体神圣的说法并没有削弱灵魂的不朽；正是因为我们的灵魂时刻守着这样一个直接来自上帝的神圣身体，它才能朝向美好。神圣身体的存在不是使人们在任何时候都可能有足够的勇气和信心重新燃起朝向上帝的希望吗？正是在这个意义上，自杀者不仅毁弃了神圣的身体，而且彻底断送了自己忏悔和得救的可能，因此自杀才是真正的不赦之罪。正是神圣身体使灵魂成为时刻可以自责与忏悔的良心；也正是灵魂的不朽使身体成为上帝可以永远宽恕的神圣身体。

其实，在《斐多篇》中，苏格拉底在饮下致命的毒药之前对不必怕死但又不准自杀的讨论已经说出了奥古斯丁的主要理由；但正是因为赐予人们肉身的希腊诸神没有基督教的上帝这样绝对的权威，身体这个不得轻易毁坏的东西并没有获得绝对神圣的品性。一旦对绝对神圣的服从嫁接上苏格拉底的美德，那个曾经允许参孙成为圣徒的上帝却无论如何不能再让谁失去救赎的希望了。

恰恰是苏格拉底和卢克莱西亚这些自杀者，为奥古斯丁反对自杀提供了最初的理由。正是因为这种对美好生活的基督教式表述，高贵的灵魂才会变得脆弱敏感却又永远不该绝望，必朽的身体也才会变得神圣不可侵犯。而正是灵魂与身体的这种参照，才使得犯了过错的人要勇敢而谦卑地经历良心的谴责和惩罚，而不必再绝望却高傲地把匕首插进自己的胸膛。

二　以自杀对抗自杀

提摩太讲的理由似乎都可以通过奥古斯丁来理解。然而，提摩太认为自己是在讲"良心"的原则。"良心"（conscience）是到后来，在波那文图拉和阿奎那那里才逐渐成为基督教的核心问题的。不过，当奥古斯丁在《论意志的自由抉择》中同样反对自杀的时候，他对意志自由的讨论已经构成了后来"良心"概念的基础。

奥古斯丁说，意志之所以是自由的，是因为它本质上是朝向美好的。因此，朝向自我毁灭的自杀是违背人之为人的本质的。但是，既然自由意志必然向善，为什么又会有人主动做对自己不好的事呢？奥古斯丁当然承认，很多人的自由意志并没有选择向善，而是因为理智（intellect）的缺乏或能力的不逮而朝向并不那么美好甚至是坏的东西。甚至可以说，有原罪的人一开始就是在恶的陷阱中的。不过，在他看来，既然意志还是因为来自上帝而有着自然的向善品性，它是有可能去除人们一开始就沾染上的恶的。而这种对美好意志的理解，就构成了后来人们讲的良心的一个重要来源。良心的存在是自由的意志朝向上帝的保障，而良心能够匡扶意志向善，是因为人们对美好和神圣的希望。

但自杀这种罪的特殊性在于，恰恰是很多尤其向往美好的生活的人在进行这样一种显然最不好的行为。为什么正是良心这种天生俱有的善恶是非之心，常常使人们在忏悔中自绝性命呢？很多可以用来解释恶的起源的理论根本无法解释自杀的存在。

在中世纪晚期流传颇广的一本故事集《罗马人的故事》（*Gesta Romanorum*）中，有一则故事的题目是"论良心"，讲的正是卢克莱西亚的故事。它的开篇就说："奥古斯丁在他的《上帝之城》里面讲到了卢克莱西亚"，后面的叙述和李维讲的故事大同小异。但故事之后的评论却这样写道："卢克莱西亚就是灵魂，塔昆是魔鬼；卢克莱西亚的家代表心灵，魔鬼走进了心灵。那把剑就是忏悔。"尽管这个故事的复述依然包括了那句身体受辱而心灵无辜的话，卢克莱西亚的自杀却是用来惩罚自己的过错的。

为什么这个号称取材于奥古斯丁的故事仍然在赞美卢克莱西亚的自杀呢？这位评论故事的人真的理解了奥古斯丁的意思吗？

对故事的评论说得很清楚，在这个故事里，卢克莱西亚已经不再是柯拉廷诺斯的妻子和卢克莱修斯的女儿，而是人们那有着选择的自由而又躁动不安的灵魂；卢克莱西亚的身体也不再是可以受到侮辱却不可能犯罪的盈盈娇躯，而是可以被魔鬼占领又应当痛加涤荡的方寸之间；塔昆不再是罗马城的纨绔子弟，而是永堕地狱的魔鬼。讲述者对卢克莱西亚的赞美不仅没有背离奥古斯丁的神学理论，反而通过对自杀的重新理解把它通俗化了。卢克莱西亚的那一刀并没有结束谁的生命，却成为清洗良心的药石。

在阿奎那看来，良心就是用理性的标准对道德行为做的判断。在《神学大全》的第一部分的第 79 个问题，阿奎那讲到，良心判断善恶有三种方式：监督行为是否为恶，临事判断行为取舍，检查先前行为善恶。在第三种方式里，良心要因先前的过错对自己进行惩罚甚至折磨。故事中的卢克莱西亚，正是在按照这一条行事。

同虽然饱受凌辱却仍然能保持神圣的身体相反，灵魂正像卢克莱西亚一样，美丽、敏感、脆弱，时刻都会受到伤害和玷污，需要经常清洗与忏悔。而且正是在身体变得神圣之后，灵魂也变成了在不断省察自己罪过的良心。讲故事的人不知道是有意转写卢克莱西亚的故事还是无心地误解了奥古斯丁的意思，但他对良心的理解却是符合基督教的一贯立场的。如果让塔昆这样的魔鬼走进纯洁的心灵，这就不再是灵魂无辜的遭遇，也无法因此谴责魔鬼的粗暴，而必须用利剑这样毫不留情的武器痛责自己的灵魂，才有可能回到真正的纯洁状态。自杀最形象地比喻了良心对罪过的忏悔和洗涤。意志不仅是很容易犯罪的，而且对于每一个生而有原罪的个体来说，这样的利剑根本就不是例外，而是每个人获得救赎的必由之路。在这个比喻的意义上，不是每一个基督徒都需要这样的自杀，才能真正使上帝开启通向天堂的大门吗？

有很多人指出，良心和忏悔在基督教信仰中的核心地位使基督教变得就像一个以自杀为主旨的宗教。对血肉之躯的毁坏不是对尘世生活最彻底的否定吗？主动离开此世的冲动不正是表现了对天堂的无限向往吗？耶稣基督自己的死，不是也曾经被理解为一种自杀吗？那位评论故事的人在最彻底地讲解奥古斯丁的神学的时候竟然得出了一个和奥古斯丁完全相反的看法。这在中世纪的人们看来似乎没有什么不妥。

当时，神学家们对自杀的谴责远远没有普及开来。当乔叟讲到卢克莱西亚的故事的时候，他同样也说这是奥古斯丁曾经赞美过的女子。难道奥古斯丁讲得还不够清楚吗？为什么这么多的天才在阅读同一段评论时会得出和后人相反的理解呢？我想原因或许在于，当"神圣的人"还没有变成现实的政治实践时，当世俗的人们仍然在赞美壮烈的十字军战士、浪漫的宫廷爱情、高傲的骑士精神时，奥古斯丁这种对自杀者的明显谴责是有可能逃过读者的眼睛的；就像我们今天读古人书，不是对很多东西也熟视无睹吗？对自杀的惩罚虽然经过奥古斯丁和阿奎那成为神学中公认的观念，但只有在现代国家兴起时，才成为真正的政治理念。

那个故事集的编者并没有对自杀的固定看法，当他讲到另外一个关于救赎的故事时，也丝毫不惮于用自杀来比喻魔鬼的诱惑。他也许真的没有感觉到这两个故事之间会有什么矛盾的地方。

这个故事是这样的：一位皇帝娶了一个美丽的妻子。两人相约，一旦有谁先离开人世，另外一个就应该自尽相从。皇帝外出日久，想考察妻子是否忠诚，便派人传伪信说他已经死了。他的妻子如约跳下悬崖，却没有死成。而当她再次试图跳下去的时候，她的父亲跑来阻止了她。她对父亲说，她跳下悬崖的理由有两个：第一，她和丈夫曾经发过这样的誓言，她必须遵守；第二，夫妻肉体如一，死后相从是值得赞扬的，就像印度的女人那样。父亲却反驳她：第一，誓言是不应该违背理性的。她和丈夫的这个誓言把她引向一个邪恶的结果：丢弃生命，因此没有必要遵从；第二，尽管夫妻在肉体上合而为一，他们的灵魂却仍然是各不相同的两个。女孩无可辩驳，终于回到了父亲那里。故事后面的解释是，皇帝是魔鬼，父亲是上帝。人生来就有原罪，因而与魔鬼结合，并与魔鬼订约要堕入地狱。天父不忍，于是接受人们的忏悔，救赎人们回到他那里，获得永生。

这个故事所要表达的，其实是和"论良心"完全一样的道理。不过这一回，这位女子不再是灵魂的比喻，因而她跳下悬崖也就不可以被理解为是忏悔，而是向地狱的堕落。天父说，丢掉性命这种契约是不自然的，因而不必遵守。不过，正是这种不自然的结局是每个人习以为常的归宿。因为人们从一开始就受魔鬼的引诱而堕落，如约跌下悬崖是一种人人都要经历的悲惨处境。只有天父对基督徒特殊的恩典才使人们有幸逃脱这个可怕的命运。

如果把两个故事联系起来看，那么，这位女子听信天父劝说弃绝皇帝丈夫的时候，正是卢克莱西亚把利剑刺进自己身体的时候。只有通过卢克莱西亚这样彻底的自杀，基督徒才能真正摆脱跳下悬崖自杀这种必然命运。只有通过自杀才能获得永生。这是基督教反对自杀的基本理论依据。

"神圣身体"的说法有一个明显的困难：身体虽然神圣，身体的品性却不是神圣的。基督徒必须在维护自己生命的同时，不仅不断否定自己灵魂中的邪念，同时又要否定身体所能感到的快乐；因为灵魂的过错往往正是表现在身体的愉悦和享受之上的。于是，人们一边呵护着自己的身体，一边又极力褫夺它的一切性情。故事集中的卢克莱西亚是靠杀死了身体的品性来防止神圣身体的自杀。

有些神学家曾经讲，碰到卢克莱西亚那样的问题，基督徒不能死，但也不能感到快乐。她要在抑郁、忏悔、痛苦和不断的祈祷中等待上帝把她从这个世界上收走。这是怎样的一种生活呢？既然人人都是有罪的，难道基督徒就都要处在这样的惶惶不安之中等待死亡的

生的悲剧，死的喜剧

到来吗？

可是，如果不这样，她会得到怎样的结果呢？如果卢克莱西亚真的不仅不自杀，而且还快乐地活下去，这就是那个女子与魔鬼丈夫的生活，虽然她也可能会幸福，但却随时面临着堕落与惨死的结局。这就是基督没有来临时的自然状态，是天父没有垂恩时的悲惨处境。那个天生怕死的女子很可能会再次跳下悬崖，或者以其他的方式被魔鬼杀死。

如果这样来理解，佛罗伦萨的卢克莱西亚的结局是不是就是与魔鬼过起了快乐的生活呢？那在神父提摩太看来，她的结局会与罗马的卢克莱西亚有多大的不同呢？马基雅维利所要恢复的罗马的荣光，难道真的就是要卢克莱西亚在魔鬼的怀抱中获得幸福吗？

其实，佛罗伦萨的卢克莱西亚从来没有快乐过。在《曼陀罗》这个喜剧当中，卢克莱西亚大概是唯一一个没有笑过的人。在卢克莱西亚尚未正式出场的时候，我们就总觉得她要么是在不无刻板地恪守妇道，要么是在煞有介事地向上帝祈祷。即使是在被卡利马科征服的时候，卢克莱西亚也只是在叹息声中答应屈服；就在一夜欢愉之后的早晨，虽然卢克莱西亚就像再生了一样，我们仍然没有看到她露出一丝笑容，相反，在尼洽欢天喜地的时候，卢克莱西亚反而半带愠怒；就在她劝尼洽请卡利马科作教父的时候，她也没有丝毫的喜乐。在卡利马科的叙述中，虽然他以为自己这个年轻的身体要比尼洽强壮得多，但是同一个不苟言笑的女子交媾是一件多么无趣的事情；我们是否可

113

尘世的惶恐与安慰
Agonies and Consolations in This Life

以继续想象,即使在以后与卡利马科继续偷情,甚至最终与他结为伉俪,卢克莱西亚还是一个不会笑的女子?

马基雅维利虽然不再认为罗马的卢克莱西亚的自杀真的有什么政治意义,但是,他笔下的这个卢克莱西亚既没有变成荡妇,也不是没有头脑的傻瓜。难道她真的会被神父的花言巧语迷惑吗?在提摩太讲述了那段奥古斯丁式的道理后,她说了这么几句简短却耐人寻味的话:

"您要劝我干什么事儿呢?"

"您要引导我到什么事情上呢,神父?"

"我同意了:可我不相信明天早上还能活着。"

"上帝帮助我,还有圣母,不要让我受到伤害!"

除去最后一句,全部可以出自罗马的卢克莱西亚之口。而正是最后这句话才使罗马的壮烈变成了佛罗伦萨的屈从,使柯拉廷诺斯满含泪水的劝告变成了提摩太带着微笑的诱惑。卢克莱西亚知道自己面临的是耻辱、邪恶和伤害,她怎么可能真的受骗呢?

卢克莱西亚不仅没有笑过,而且还谈到了死。也许她回忆起了两千年前那个悲壮的黎明。第二天早晨尼洽的一句话"她昨晚上就像半死了一样"再次告诉我们,这个卢克莱西亚正是那个卢克莱西亚。并不是一夜的风流使罗马的卢克莱西亚"再生"了,而是对上帝的希望使佛罗伦萨的卢克莱西亚的生命坚韧起来。她的生命之所以变得坚韧，正是因为她的灵魂变得更加柔软，更加需要上帝和圣母的呵护。

卢克莱西亚对卡利马科说："既然你的狡猾、我丈夫的愚蠢、我母亲的轻信和我忏悔神父的恶意竟让我做出这种我从不会做的事儿，我想这也真是天意，老天爷乐意这样，老天爷要我接受，我就不能拒绝。"卢克莱西亚所做的一切都不是为了自己的愉悦，更不是因为卡利马科的年轻英俊，甚至也不仅仅是因为卡利马科的坦诚，而是因为这是上天的意志。上天使卢克莱西亚没有死在自己的匕首之下，而是"半死"了一次之后又无奈地"再生"了。

半死其实是比死更痛苦的一种折磨。对上帝的虔敬使她即使在明知道神父欺骗自己的时候，仍然要忍受着良心的痛楚接受那屈辱的命运。希望使人不仅可以忍受痛苦，而且可以承担耻辱；半死就是良心反复体验死的痛苦，就是不断经历《罗马人的故事》中那个卢克莱西亚的结局，就是用自杀对抗自杀。从这种半死中再生，难道会是多么快乐的一件事吗？

也许这正是神学家们说的那种忏悔罪孽等待死亡的生活。对于这些神学家和佛罗伦萨的卢克莱西亚来说，重要的不是身体的受辱，也不是良心的重负，而是良心对自己的不断鞭挞。提摩太对良心的解释并没有错，人们不应该逃避身边的罪恶，因为有他这个忏悔神父的存在。

马基雅维利的很多话正是通过提摩太说出来的。在全剧的结尾，神父请大家全部进教堂作例行的祈祷，然后对观众说，他们的祷告会持续很久，大家不必等他们出来了。

这个时候，一切愧疚与自责都将笼罩在福音的喜乐之中；但在美妙的圣歌弥散开来的时候，卢克莱西亚所能看到的只是耶稣那受苦的身体。那袅袅飘落的希望，使得缠绵不去的折磨愈加沉重。卢克莱西亚曼妙的眼神，也只能在耶稣面前变成一缕久久不去的回音，却没有丝毫的哀怨。教堂中漫长的忏悔，难道还会有终止的时候吗？

三　英国病

除去轻蔑地提到了卡利马科得不到卢克莱西亚就悬梁自尽的毫无志气的誓言，《曼陀罗》似乎从来没有直接涉及自杀的话题。不过，马基雅维利在讨论李维的历史时轻轻剥离的罗马人自杀的意义，却好像借助佛罗伦萨的卢克莱西亚的"半死"再生了。隐伏在佛罗伦萨的欢笑之下的罗马人的死法，就像笼罩在圣歌之下的忏悔的声音，慢慢地总要回到世界上来。

马基雅维利死后不过半个世纪，佛罗伦萨没有恢复罗马的光荣，但自杀却又在另外一个帝国流行起来。这就是正在逐渐崛起的大英帝国。

在所有欧洲国家中，英国最早开始详细记录自杀率，并且有最多的法官、学者、医生和作家关心那个似乎被马基雅维利抹杀了的问题。哈姆雷特那个"To be or not to be"的著名问题道出了英国人对自杀的关心。英国政府定期公布的自杀数字甚至使欧洲人长期认为,这个岛国上的人们是喜欢轻生的;连孟德斯鸠都要在英国的地理和自然环境中寻找英国人喜欢自杀的原因。自杀一度被当成"英国病"(English malady)。[1] 这种英国病和罗马人的死法似乎指的是同一回事,但那么详细的自杀统计数字却并不是为了炫耀英国人的高贵与勇敢。当自杀者的尸体出现在伦敦的大街上的时候,与悲愤的罗马人抬着卢克莱西亚的遗体声讨塔昆的情形大不相同。

那些夜幕降临的时刻,都铎时代雾蒙蒙的大路上不时会走过这样的人群:其中有当地教区的教士和官员,表情庄重得近乎诡异;和他们在一起的还有教堂中的工役和帮忙的平民,扛着各式各样的工具,似乎因为正准备去做一件神圣又滑稽的事业,因而充满了新奇的干劲和凑热闹的兴致。这个仪式的真正主角在他们的背后,有时被拖在马尾巴上,面孔朝地,双脚翘起,赤裸的脊背上绑着一根粗大的木棍。和所有公众仪式一样,这时当然会吸引无数的看客,睁大眼睛送着那已经死去的囚徒前去接受惩罚。所有人似乎都要有意地认为无知觉的死者还会感到良心的折磨和千夫所指;那仿佛要把面孔埋在地下的受

---

[1] Georges Minois,《自杀的历史》(*History of Suicide: Voluntary Death in Western Culture*), The John Hopkins University Press,1999, p.179.

尘世的惶恐与安慰
Agonies and Consolations in This Life

刑者不知是真的体会到了众人的心情，还是故意嘲弄他们的做作，苍白的脸上似乎也在极力掩饰自己的羞愧。当队伍走到一个十字路口，来往车辆和行人最多的地方，死者就结束了他的旅行。那些工役们于是开始七手八脚地掘出一个大坑，然后把尸体放下去，面孔依然朝下，身体则被完全压在了木棍下面。然后人们开始填土，那被木棍镇住的鬼魂据说还是有可能挣扎着逃出来；但由于面孔向下，它只能下到地狱。由于在车水马龙的十字路口，它也很难找准方向来人间作祟。死者的亲人们刚刚被判处没收家产，此时又必须亲眼看着自己的亲人被逐渐掩盖在木棍和尘土之下，连一声沙哑的呻吟都无力发出。在土坑被填上之后，木棍却总要露出一截，向过往的路人提醒木棍下面鬼魂的存在，以及自杀者的下场。

卢克莱西亚就是夹杂在这些鬼魂们当中，以卢克利斯（Lucrece）的名字重新出现在英国诗人的笔下的。米德尔顿（Thomas Middleton）的诗歌《卢克利斯的鬼魂》(*The Ghost of Lucrece*) 作为莎士比亚的《卢克利斯受辱记》的续诗发表于 1600 年。[1]

---

[1] 16、17 世纪的英国，除去众多描写其他被辱女子的"卢克利斯类"戏剧之外，直接关于卢克利斯的诗歌和戏剧至少包括莎士比亚的叙事诗《卢克利斯受辱记》(*The Rape of Lucrece*) (1954)、黑武德 (Thomas Heywood) 的悲剧《卢克利斯受辱记》(*The Rape of Lucrece*) (1630)、费兰德尔 (Philander) 的叙事诗《塔昆与卢克莱西亚的故事》(*The History of Tarquin and Lucretia*)（现存 1669 年的第二版，初版时间不详）、米德尔顿的《卢克利斯的鬼魂》（作为续诗刊于 1600 年版莎士比亚的诗的后面），以及夸利斯 (J. Quales) 的《被逐的塔昆》(*Tarquin Banished*)（作为续诗刊于 1655 年版莎士比亚的诗之后）。

生的悲剧，死的喜剧

在这首仿戏剧场景的诗歌的开端，卢克利斯淹没在血泊中的鬼魂在正义与复仇女神拉姆努西亚（Rhamnusia）的召唤下醒来：

> 悲哀的精魂，柔软的心灵，罹患的思绪，浸泡在泪水中的灵魂／红肿的眼，灵敏的耳，被眼泪伤害的脸，／尊贵的贞女，狄安娜的女伴，／被侮辱杀害的卢克利斯，被踩躏了的尊严，／为我们的观众，在这场悲剧中表演，／你那冰清玉洁的心，／如何在悲惨中埋掩。[1]

卢克利斯从来没有像当时的英国自杀者那样被示众，更没有被沉重的木棒压进地狱。可是，这个倒在自己鲜血中的贞烈女子，自始至终在地狱中吟唱，头上永远高悬着正义之神的利剑。那位拉姆努西亚，据说是以苛刻冷峻出名的。她不仅召唤出了卢克利斯，而且还要叫来邪恶的塔昆，一起来上演这出地狱中的悲剧。可是，布鲁图斯不是已经为卢克利斯报仇了吗？塔昆不是已经被驱逐出罗马，死在仇人的刀剑之下了吗？为什么卢克利斯还要待在地狱中，还要泪流满面地哭诉呢？是不是她哭诉的并不只是塔昆，还有不曾说出来的另外一个罪犯？是不是这个身在地狱的卢克利斯，自身就是那个真正的罪犯？

---

[1] 米德尔顿的这首诗是不久前才被偶然发现的。这里引用的诗句是笔者自己的翻译。

尘世的惶恐与安慰
Agonies and Consolations in This Life

正是那个在诗中始终沉默的正义之神,那个终究要为卢克利斯报仇申冤的拉姆努西亚,永远地把卢克利斯囚禁在了地狱之中。

> 现在,拉姆努西亚驾着复仇的战车 / 鬼卒喷血,精灵浴火, / 去报仇,拉扯着卢克利斯的魂魄 / 为那夭丧的贞节之血,向那胆大包天的淫魔。/ 在地狱中的法庭(伴着复仇者们的歌),/ 卢克利斯控诉,用带着血与泪的舌; / 涕泗涟涟,心的苦难,眼的哀歌。

虽然是一个复仇的场面,受害者却早已先进了地狱;虽然是一个正义的法庭,原告却无法挣脱身上的锁链。刚刚出场的卢克利斯甚至担心撞见天上贞洁的女神,怕自己的羞辱被她们耻笑。虽然她认为塔昆才是杀害她的凶手,在她要告的谋杀与奸淫两桩案子当中,她自己竟已经成为第一个罪人。

自杀者被当做杀害自己的凶手,正是这条奇怪的英国法,使拉姆努西亚的正义之剑落在了鬼魂自己的身上。

如果说是奥古斯丁最早把卢克莱西亚的自杀置于神的处罚之下的话,那么,最先把卢克利斯的鬼魂送上法庭的,则是阿奎那。

在《神学大全》"论谋杀"这个问题(第二部分第二小部分的第64个问题)中的第五条"杀死自己是否合法?",阿奎那这样写道:

> 杀害自己是全然非法的,有三个原因。第一,因为万事万

物自然地都是爱自己的，所以万事万物都自然地维护自己的存在，尽可能地拒绝腐败。但自杀的人是违反自然倾向的，违反爱德，因为爱德要求人们爱自己。所以自杀永远是一个不赦之罪，因为它违反了自然法与对存在的爱。第二，因为每一部分都属于整体。而今每个人都是群体中的一部分，因此每个存在者都是群体的存在。因此他杀害自己就伤害了群体，就像哲学家在《伦理学》第五卷所说的那样。第三，因为生命是上帝送给人的礼物，只有上帝对它有处置的权力，因为只有他可以使人死、可以使人活。因此无论谁自绝性命，都是对上帝犯罪，就像一个杀了别人的奴隶的人，对奴隶的主人犯了罪，就像一个对不属于自己的东西滥加审判，就是犯了罪。因为对死与生的审判只属于上帝，《申命记》32:39 说："我使人死，我使人活。"

阿奎那不仅全部接受了奥古斯丁关于自杀僭越了上帝权柄的说法，而且用自然法与人法的利剑更加严厉地否定了自杀的正当性。他认为，自杀不过是谋杀的一种，是对自我保存的自然法的一种破坏。而自我保存是人生在世的一种最基本的好处。只有将卢克利斯自己的鬼魂也拉到法庭上来，才能达到真正的正义。

正是在强调自我保存的基础上，霍布斯开始在不列颠建构庞大的利维坦——这个似乎连鬼魂的血管都不肯放过的现代机器。

读过《利维坦》的人一定记得霍布斯讲的那个关于狼的故事。在中世纪（甚至现在）的欧洲，一提到狼，大概每个人都会不寒而栗。从地中海沿岸到斯堪的那维亚半岛，从俄罗斯平原到英伦三岛，处处都弥漫着对"人狼"（希腊文 *lykanthropos*；英文 werewolf, wer 在古萨克森语中是"人"的意思）的恐怖。据说，人狼是在月圆之夜变成狼的人，在夜间活动，吃婴儿和死尸，在欧洲的民间故事中它是非常可怕的一个鬼怪形象。中世纪的教会认定狼是魔鬼的化身、撒旦的奴仆，而精神分裂症和很多其他精神疾病的患者则被当做人狼看待。到了 13 世纪，不相信人狼存在的人甚至被教会当做异端。*Lykanthrope* 这个词在精神医学中，专指想象自己是狼的精神病患者。

阿甘本指出，"人狼"正是理解霍布斯神话的关键。人狼并不是狼，而是人变成的狼和狼变成的人。狼吃人的自然状态并不是一个真正的历史阶段，而是存在于政治之内的临界状态，是人们所面临的基本处境。"霍布斯正是在考虑到'人成为吃人的狼'的状态而建构了他的政体。"而英王忏悔者爱德华甚至曾经在法令中明确使用了狼的比喻。[1]

人可以变成狼，或者说人本来就有狼的天性，使得热爱生命的人不得不求助于一个外在的保护，既是为了防备自己被狼吃掉，也是为了避免自己变成狼。而最可怕的状态莫过于被自己变成的狼吃掉。只有能够防止这种极端状态的社会契约，才是真正安全的；因此，只有

---

[1] Giorgio Agamben, 前揭，第 105 页。

规定了不准自杀的政体才能够真正捍卫每个人自我保存的权利。霍布斯的这个人狼神话，忠实地把阿奎那关于热爱生命的自然法变成了政治，也成为英国政府惩罚自杀的依据。

正是杀害卢克利斯的那把尖刀，成为令正义女神最无法容忍的东西。因为它夺去了生命，这个人生在世的"明摆着的好处"。不过，手握尖刀的卢克利斯又唱道："看这被泪与血打亮的刀刃——/ 心中的血和眼里的泪痕！/ 看这把尖刀，碧血沉吟 / 来自维斯塔，贞洁的女灶神 / 明珠有泪，化血殷殷 / 你看这把主演了悲剧的白刃 / 泪珠化为美誉，流血是为了忠贞。"

为什么这沾满了卢克利斯的血与泪的刀刃会是邪恶的凶手呢？难道不正是只有这种壮烈才能为卢克利斯带来荣誉、保持贞洁吗？难道为了肉身的生存这种最低限度的好处，就可以否定美德这种高尚的好处吗？

海峡对岸的斯宾诺莎回答了这个问题。和霍布斯一样，斯宾诺莎也非常强调自我保存这种基本的自然权利，而且在讲到自然权利时非常明确地反对自杀。但是，正像斯蒂文·史密斯（Steven Smith）所说的，斯宾诺莎讲的自我保存（self-preservation）不再仅仅是保存生物性的躯体，而是保存自己的存在（being），也就是保存人之为人的东西。自杀固然是这种自我保存的最大敌人，但完成这种保存却不是仅仅苟活于世，而要靠德性和知识，要靠自我完善（self-perfection）才能真正实现。《伦理学》的最后三章和斯宾诺莎关于自由与知识的很多著作，全部基于对自我保存的这个基本理解。

斯宾诺莎的这个理解，并没有背离霍布斯和洛克所讲的自我保存的基本内涵，而是讲出了他们未能说清楚的一个重要问题。当霍布斯讲到自我保存这条自然法的时候，他固然认为，保证每个人活着，是利维坦存在的根本理由；但他并没有认为，免于被杀就是人们生活的全部，这甚至不是自然权利的全部。求生是人们的自然权利，而无所限制的求生必然会影响到别的人。仅仅靠禁止谋杀与自杀的法律所能做到的，并不是保证每个人能够完美地实现他的自然权利，只是消极地保证他们不会因为别人的影响而突然丧失自然权利。而完善自己的存在，实现真正的自我保存，却已经不是这种不许杀人的禁令所能完成的了。利维坦存在的目的，并不是为了使每个人成为毫无特点的行尸走肉。止杀只是自我保存的最低阶段；但没有止杀的法律，也就谈不上自我完善。

也正是在这个意义上，洛克才会认为，在一个保证人们的灵魂向善的自由国家里，只有无权杀害自己的人才能不被人杀，不被变成奴隶，获得真正的政治自由："对自己的生命没有权力的人不能通过约定或认可把自己变成别人的奴隶，也不能把自己置于别人的绝对权力之下，使别人只要高兴就可以要他的性命。没有人能给出比自己所有的更多的权力；不能要自己命的人也不能授予别人这种权力。"[1]

一位名叫格林（Gray Glenn）的学者解释说，在洛克看来，因为

---

[1] 洛克：《政府论》（下篇），第四章，23，笔者译出。

每个人的生命是平等的,如果一个人有权杀死自己,那么他也就有权杀死与自己平等的他人,同时别人也有权杀死他。规定人们有自杀权利的危险在于,这等于承认了人有毁坏生命的权利,或者说,认为自我保存的自然权利是可以让渡的。保存生命的权利是绝对的和不可让渡的自然权利。人们在根据社会契约把自己的部分权利交给政府的时候,并没有同时把生命的权利也交出去。只有否定人有自杀的权利,才能绝对保证生命权利的不可让渡,才能防止政府有草菅人命的可能,才能使它真正做到保障人们自我保存的权利。[1]

布莱克斯通在解释英国关于自杀的法律时说:"英国的法律明智而虔诚地认为,没有人有毁坏性命的权力,只有创造生命的上帝才有;并且,自杀者有双重的冒犯之罪;一个是精神上的,对全能上帝的冒犯,在没有得到召唤的时候就离开人世;另外一个是此世的,是对王的冒犯,因为王要保卫他所有的臣民;因此,法律把自杀当做最严重的罪,当做一种特别的谋杀;是对自己的一种谋杀。"[2]

布莱克斯通所说的对王的冒犯,并不是说自杀者的生命是属于王的,而是说正因为他的生命既不属于自己也不属于王,自杀这种行为

---

[1] Gray Glenn,《不可转让的权利与洛克论有限政府:自杀权的政治意涵》("Inalienable Rights and Locke's Argument for Limited Government: Political Implications of A Right to Suicide"), *The Journal of Politics*, v. 46 issue 1 (Feb., 1984), pp. 80-105.

[2] William Blackstone, *Commentaries on the Laws of England*, Chicago: University of Chicago Press, 1979.

就冒犯了王对臣民的自我保存的保卫；换句话说，就是会授予王滥用权力处置臣民生命的可能。

这样我们就可以理解，为什么都铎王朝的法庭要不断地把自杀者的尸体拉到大街上去游行。这种对尸体的控制恰恰是在表示它对生命的不控制。利维坦越是严厉地把自己延伸到人们的毛细血管中，它越是被挡在了人们的灵魂与自然权利之外。只有在它充分地控制了每个人的身体的时候，人们才可能获得朝向真正自我保存的自由。在人们彻底失去了自杀的权利的时候，他们才能获得最大的自由朝向美好的生活。

我们不要忘了，那种可以被合法杀掉的人毕竟叫做"神圣的人"。当人法把人人可以被合法杀掉这一点的危害限制起来时，并没有把"不可祭祀"这种神圣的特点也一并取消。"可以被合法杀掉"只是处在自然状态中的人的一种存在状态，但它并不能使人成为神圣的人。制约合法杀掉这种状态，是为了使人们能够成就不可祭祀的生活，这种有朽者的神圣状态。

也正是在这个意义上，对卢克利斯的审判并不是要否定她所追求的美德与贞洁，而恰恰是要给她追求美好生活的最大自由。

四　黑铁时代的美德

可是，难道卢克利斯追求的不是美好的生活吗？我们凭什么认为,那些比生命更宝贵的美德,只有靠活着才能得到呢?如果像卢克利斯那样,美德与生存发生了冲突,为什么人们不能舍生取义呢?

身在地狱中的卢克利斯这样唱道:"啊,回到我的血脉吧,神圣的血浆;/滋养我的精灵,天使的食粮,/所有贞洁的品性,化入我的魂魄!/为我的鬼魂披上贞洁的衣裳,/我的一切吃食喂饱了瘦弱的时间和死亡!/天庭洁白的修道女,银鸽飞翔,/我要拥抱你,以从未有的渴望。"

地狱中竟然会发出这么虔诚和纯洁的歌声。为什么这样的人要遭到谴责?遭到谴责的人还会有这么神圣的希望吗?其实,整首诗中处处充满了这样的段落。虽然作者不断暗示卢克利斯正是她自己的凶手,虽然她不敢见到天上贞洁的灵魂,虽然卢克利斯自称要去塔昆那里作祟,直到让他最终绝望,但卢克利斯从来没有放弃对美德的追求;而且这些美德往往是以基督教的形式表现出来的。

对自杀的谴责是在16、17世纪才真正变得那么严厉的;而对自杀的辩护也几乎在同一个时间开始流行。约翰·西姆(John Sym)在1637年出版了《论保存生命反自戕书》(*Life's Preservative Against Self-Killing*),自以为是研究自杀的第一本著作;但约翰·多恩(John Donne)迟迟不肯出版的著作《论暴死》(*Biathanatos*)早在三十年前就已经完成了。从此以后,辩护与反对自杀之间的斗争就一直没有停止;直到今天,自杀仍是西方世界中敏感的伦理学问题。反对的一方一般认为,自由社会并不给人们为所欲为的权利,更不会给人们以追求坏事的自由，因此没有人有杀死自己的自由。辩护的一方往往不会仅仅认为自杀者是在争取死的自由，而是认为这是在提倡一种比生命更高贵的美德。双方的争论并不能简单化约为高贵与自由的争论，不能等同于古代与现代的争论，甚至不能简化为基督教与非基督教的争论。这两个完全相反的潮流都深深地扎根于现代社会，同时也都依赖于古典传统，并且都有着自己的神学依据。那么，究竟反对自杀还是赞成自杀是现代社会的应有之义呢？

《罗马人的故事》中对卢克莱西亚故事那个简单的叙述指给我们争论的一个焦点：正是"良心"，那把使佛罗伦萨的卢克莱西亚半死一次的利剑，在刺穿灵魂的同时，也常常会使生命随之倾堕。

神学家们如此推崇的良心，怎么会成为杀人凶手呢？西姆在他的著作中说道，那些理智出现问题的自杀者"使得自己的良心鲁莽地作出（自杀）这样的行为"。细腻的良心难道还会变得鲁莽吗？后来伯顿（Robert Burton）在《忧郁的解剖》（*The Anatomy of Melancholy*）中也说，忧郁症患者和自杀者常常是因为"坏的良心"所致。难道作为善恶标准的良心还会变坏吗？

1684年，一个叫约翰·柴尔德（John Child）的年轻人自责先前发表的一些文字而认定自己是基督的弃民，于极度绝望和抑郁中在伦敦的寓所自缢而死，这个自杀事件轰动了英国。在随后出版的一本关于柴尔德事件的小册子中，编者特意附上了一篇讨论良心的序言。为什么有那么多人在良心的折磨甚至良心的指引下走上绝路呢？良心这么细腻而美好的东西，为什么会变成魔鬼的匕首呢？这篇文章说，基督徒是幸福的人，因为他们的生活有两个指导：一个是上帝借助自然之光写在心灵上的，一个是上帝写在《圣经》上的。基督徒靠良心甄别善恶，爱他的邻人，但要靠上帝的命令来决定生活的道路。没有前者，生活是不合法的；没有后者，生活是非理性的。与其说这篇文章是在告诉人们正确的生活道路，不如说揭示了基督徒的两难困境。哪个真诚地因为良心而颤抖的人能够在不准自杀的指令下平静起来呢？特别是在上帝隐去、不再直接发号施令的时候，自我保存的自然法难道真的能够使人们从无限的悔恨中清醒起来吗？

良心是用来判断行为善恶的。在充满圣灵的心中，善恶的标准就是正确的标准。但是，如果意志受到蒙蔽，不能充分认识上帝之光，或是没有依据足够的理智来形成良心的善恶标准，良心做出错误的判断当然是有可能的。不过，严格说来，导致自杀的良心似乎不能简单地被解释为不能正确认识善恶的良心。正像阿奎那所说的，自我保存这条绝对法律是不能靠意志达到的，而只能靠理智。基督教禁止自杀的戒律是一般的善恶标准之外的另一条规定，或者说是一条超善恶的道德标准，一条超越良心的法则。这样，人们就无法按照良心判断自己是否该自杀，而要在良心不断判断自己的罪足以自杀的时候，再由理智来驳回这个判断。

但是，按照吉尔松的说法，很多极力推崇良心的神学家同时认为，在无知的情况下犯的罪比违背良心的罪要轻得多。阿伯拉尔曾经

尘世的惶恐与安慰
Agonies and Consolations in This Life

有一个极端的比喻，迫害基督的人如果并不知道他是基督，而是凭良心做事，那比他们违背良心释放基督的罪要轻。既然这样，为什么凭良心自杀就比靠希望活下来的罪要大呢？卢克利斯在地狱中的歌声所表达的，不是几乎可以理解成依靠自杀获得了更神圣的希望吗？为什么这样的自杀者还要被送到地狱里边去呢？有人就认为，即使像罪大恶极者如犹大，《马太福音》暗示，他的罪也已经在自杀中赦了。

自杀未必不能荣耀上帝，这正是多恩（John Donne）反对自杀禁令的一个基本立场。

多恩很清楚他的对手们的观点："有这样一条禁止自杀的道德法，违背这条法律所带来的罪过据说要比违反良心中的任何法律的罪过都要严重；因此，自杀是永远无法宽恕的，即使因为不遵从良心而导致的坏的意志是有罪的，总比破坏那条法律要好，因为那样犯的罪更大。"

但是，多恩反驳说，无论良心还是其他一切法律，都必须遵循荣耀上帝这条最基本的法律，这是一切道德判断中最首要的考虑，永远不能被忽视。倘若一个人的自杀是出于荣耀上帝的目的，那么，错误只是微小的，而自杀者荣耀上帝的意志是不容置疑的。在这种情况下，为什么自杀还要被当做罪来看待呢？多恩并没有直接讲良心一定高于理性，而用的是与反对自杀者相同的逻辑，诉诸既高于良心也高于理智的神法。在多恩看来，"自杀应该禁止"和"身体神圣"等说法都应该放在荣耀上帝这个根本原则之下来检验。

多恩说，人们对必须活着这条自然法的偏执实在有些可笑，因为既然一切都是上帝所造，岂不是自然世界中所有的事情都是自然的吗？人们无论做什么，不都是上帝安排的吗？既然有很多人不愿活在世上，为什么坚持说活着是最基本的自然法呢？上帝既然可以规定每个人什么时候离开尘世，他为什么不能借助人们自己的手做到这一点呢？

不过，多恩并没有否定自我保存的自然法。他说："自我保存，我们承认它是一切自然法的基础，不过它就是对好的自然的亲近和欲求。牺牲的动机也是自我保存，因为虽然身体毁灭了，由于我们主动选择了得救，我们最精华的部分上升了。我们由此升上的天堂是必然好的，而此世只是可能好而已。"多恩所用的不正是奥古斯丁所说的用不确定的恶带来"明摆着"的好处的推理吗？而什么样的好会比荣耀上帝更好呢？对于"身体是上帝的殿"的传统说法，多恩也反驳说："一个人要做上帝的祭司和为上帝牺牲，难道不是比做上帝的庙宇更大的荣耀吗？"

既然荣耀上帝是比不准自杀更根本的法律，那么，每个心中有上帝的人按照良心办事，完全是不该受谴责的。正是基于这些考虑，多恩分别反驳了自杀反自然法、反理性法和反神法的三种说法。其中的第二方面，多恩指的是人法，其实就是阿奎那所讲的自杀反社会的方面。

既然多恩有这么充分的理由证明自杀是可以荣耀上帝的，那他为

尘世的惶恐与安慰
Agonies and Consolations in This Life

什么又迟迟不肯出版自己的著作呢?

这个早已成名的诗人不仅不愿出版此书,并且在一封给朋友的信中说,书的作者不是多恩博士,而是一个叫杰克·多恩的家伙。直到他去世之后,他的儿子才违背他的遗愿出版了这本著作。但古怪的语言和晦涩的讨论又使读者们望而生畏。他为什么这么畏首畏尾,为读者设置重重障碍?难道他有什么不为人知的顾虑吗?难道真的像一些人猜测的那样,多恩在写这本书的时候陷入了一种精神失常的状态?

一百多年后,当休谟完成了《论自杀》一文之后,发生了几乎完全相同的事情。就在文章即将付梓的时候,休谟找到出版商强行要回了清样。后来霍尔巴哈见到私下流传的这篇文章,在法国翻译刊行;在休谟死后一年它才在英国正式出版。据传,休谟的一个朋友在读完文章后,一边向休谟致敬,一边向自己开了枪。[1] 为什么休谟与多恩会陷入同样的境遇?难道休谟也精神失常了吗?

即使在本来理直气壮的书中,多恩也渐渐变得闪烁其词。他说,虽然自杀本身并不是罪,但是自杀者却往往是罪人,因为他们常常犯有其他的罪。因此,轻易抛弃生命的人大多是得不到拯救的。在没有绝对的上帝启示的情况下,一个人最好不要自杀;而上帝的启示基本上是很难遇到的,即使自以为遇到,也很可能是假的。这样,多恩虽然证明了自杀本身无罪,却得出了和奥古斯丁与阿奎那一样的结论:

---

[1] Minois,前揭,第 252 页。

在实践中任何人不得轻易自杀。

其实,休谟那个莫须有的朋友的命运提醒我们,这是一个并不难理解的吊诡。就像多恩所说的,理论上证明自杀不是必然有罪,只是说有些实际发生的自杀无罪(甚至只是极少数),而不是说所有自杀都是对的,更不是鼓励人们去自杀。就像米诺瓦所指出的,那些支持自杀的人不仅很少有人实行自杀,而且还在生活中阻止朋友的自杀。不过,这些不鼓励自杀但认为自杀无罪的著作一经出版,常常会带来可怕的后果。著名剧作家阿迪森的悲剧《加图》在伦敦取得巨大成功,却也引来很多加图的效仿者,人们在河中发现的一具尸体的手中捏着一个纸条,上面写道:"加图所做的和阿迪森所赞扬的/不会错的。"同样,就在歌德的《少年维特之烦恼》出版之后,仅英国就出现了不止一起怀揣这本书自杀的案例。这些故事已经使洛克的观点不证自明了:授予自杀的权利对社会是危险的。多恩著作中最薄弱的不正是他讨论人法的那一部分吗?他在结论中说:"我有意地不把这个讨论延伸到特定的规则和事例……也是因为一旦有什么错误,它就是致命的,除非人们运用真正罕有的明智,良心的过错总会变成借口。"他的讨论最多只能是哲学的或神学的,却不可能是实践的。或许正是因为他的说法注定是一个无法普遍化的观点,他对于发表自己的著作才如此踌躇。正是因为这个原因,卢克利斯也许永远只能在地狱中歌唱。

但是,多恩遇到的这个困难真的只是一个不能实践的问题吗?他的畏首畏尾是不是说明,即使像他这样坚决反对把活着当做最大的好的人,也不得不把对生命的保存当做政治的基础?既然是这样,那又何必花那么大精力来讨论在实践中几乎不可能存在的荣耀上帝的自杀呢?同样,为什么不赞成人们自杀的阿迪森和歌德要重笔渲染加图和维特之死呢?一个最简单的解释是,他们是在借自杀来宣扬荣耀上帝、自由、浪漫爱情这些更重要的美德,而对这些美德最郑重的承担就是为它们不惜放弃生命。那么,他们讲的这些美德是不是像《罗马人的故事》中讲的良心那样,只有借助自杀才能最明确地表达出来呢?这些美德岂不是从根本上就是夺人性命的?

多恩为自杀辩护的基本立场并不是在反对自我保存的自然法,当然也不是在反对神圣的人这个现代社会的政治基础。他所反对的,是仅仅从止杀这个角度来理解神圣的人。

如前所述,"神圣的人"具有可以被合法杀掉和不可用来祭祀两个特点。阿甘本把不可用来祭祀理解为不可仪式化,比如处决国王这种神圣的人就往往不通过正常的死刑仪式。[1]这样的解释似乎不如他对不可杀的理解有力。如果说现代人都被假设为神圣的人,为什么这些人就要通过仪式来处死呢?至少在基督教的语境中,"神圣的人"是不可用来祭祀的,应该是说人的灵魂这种可以朝向上帝的东西是要永远倍加爱惜、不容玷污的。耶稣基督这个所有基督徒的楷模,并不会因为他为人们做了"生人祭"而不再是神圣的人;而在十字架上的

---

[1]　Agamben,前揭,第 103 页。

"成了"正是自我保存的最高境界。多恩和休谟对自我保存的理解之所以和西姆等反对自杀的人那么不同，关键在于他们更多的是从不可祭祀这方面入手的。自杀合法的时候，不是因为自我屠杀是合法的，而是因为这些时候只有自杀才能完成对完美灵魂的保存，就像耶稣只有在死亡来临时才能成就他的使命。多恩对自我保存的解释并不是强词夺理，而是在另外一层意义上解释了神圣的人这个基本假设。而多恩和休谟在发现了自杀者这种神圣的品性之后，却更加惊恐地看到，这种神圣状态恰恰是最危险的状态。这种危险并不是说神圣的人是容易被杀的，而是说，当国家所推崇的美德在一个人身上达到极限的时候，他已经走到了政治的边缘，已经威胁到了国家得以存在的根本政治原则。使他们不敢出版自己著作的，并不是自杀者那阴森的鬼魂，而是城墙外那人狼的嚎叫。

神圣的人是现代社会对人的基本假定，自然状态就是对它的政治表述。正是不可祭祀的高贵灵魂使他神圣，而这种神圣的人却时时面临血光之灾。在霍布斯那里，自然状态之下人人都有求生的和为求生而相互杀害的自然权利，但并没有止杀的禁令；是"杀"而不是"止杀"才是神圣的人的基本特点；然而只有止杀这种其实并不那么自然的自然法，才能成就处在危险中的人的自我保存。我们不能因为战争是自然人的基本境遇，就认为杀机四伏是自然状态中的唯一特点。利维坦的产生是直接针对杀的状态的，但自我保存却不仅仅是为了逃出杀的危险。从这个角度理解，也许霍布斯和卢梭对自然状态的态度并不像

尘世的惶恐与安慰
Agonies and Consolations in This Life

看上去那样针锋相对。

因为具有神性的现代人时刻处在被自己和别人杀害的处境中，止杀才成为现代政治的出发点；但是，出发点并不等于目的。或者说，虽然身体的死是公共政治的最大敌人，逃脱身体的死却并不是这个政治的最高目的。就像斯宾诺莎说的那样，自我保存是要不断完善自己，而不仅仅是不断地躲避危险。

人人都面临被杀的危险，这是为比生命还重要的美德辩护的多恩也无法回避的；止杀不能解决自我保存的根本问题，这是反对自杀的斯宾诺莎也不能否认的。具有最高美德的人常常是面临最大危险的人；利维坦虽然把它的臣民从谋杀的危险中解救出来，却又不断地把自己最优秀的成员推向最危险的边缘。现代政治，正是在这种最不义的正义和最不自由的自由中建立起来，以对不死之死的抗拒来成就神圣的臣民们的无生之生。正义女神手中那把剑，不就是依然沾着卢克利斯鲜血的那把短剑吗？面对在绝望中歌咏希望的卢克利斯，正义女神那有着最丰富情感的脸变得最铁面无私。也许她会给卢克利斯一个永不宽赦的恩典。

《卢克利斯的鬼魂》中最动人的情节大概是卢克利斯回忆起遭到塔昆侮辱之前的那个夜晚："在塔昆带着淫欲来袭之前／（这贞节的耻辱纪念！）／我和两个侍女，三个女子促膝纺线，／就像那命运的三姐妹，／命运借给我们它的车轮，在手中旋转。／织轮就像这世界一般。／我瞬息变换的命运，在滚动的石头上悄然而站。"三个女孩一边转动织轮，一边唱着歌。卢克利斯对两个侍女说，贞节就像牵动心房的线，使纯洁的灵魂更纯洁，使心中的珍宝变得芳香。卢克利斯说女孩的手指比她们手中的线更细腻更精致。纺织是农神在黄金时代传下的技艺；可惜而今已是晦暗的黑铁时代。就在那些罗马贵妇都在尘埃中翩翩起舞、陶醉在音乐的节律中的时候，她却在这淳朴的歌声中转动织轮。

但是，正是这黑铁时代的贞女的灵魂遭到洗劫，这掌握命运的女神遭到了最大的不幸。既然她为了美德的保存，连生命都肯抛弃，为什么她现在还在这阴冷的地狱中独自歌唱？难道神圣的人注定要待在世界的边缘，就是死后也要在地狱中呵护那颤抖的灵魂？

维纳斯变成了娼妓，让丘比特为她拉客。究竟是谁，斩断了心灵上的那根弦？

临近全诗的末尾，卢克利斯做了一件不可理解的事情："我的心，血不要再流更多！/ 以刀为笔，以血为墨，/ 已经写够，给塔昆你这个淫魔，/ 这些诗行，你是被我错信的邪恶，/ 指给你我在地下的坟舍，/ 这写给你，/ 用这滴血的手指，我这地下的鬼娥。"卢克利斯把自己的怨愤写成给塔昆的一封信，是要质问他的邪恶，是要解答命运的困惑，还是像佛罗伦萨的卢克莱西亚那样把自己交给魔鬼？难道这么高贵的灵魂死后还会受到魔鬼的诱惑？全诗终结在地狱的厅堂，卢克利斯将在那里和塔昆见面。

卢克利斯到底要和塔昆说些什么，也许我们永远无法知道。高贵的罪犯究竟为什么要给邪恶的王子写那封信,我们也找不到答案。就像阿甘本所说的,神圣的人处在政治的边缘,是被排除出政治但又界定了政治的实质的一群人。卢克利斯这个徘徊在罗马城外的孤魂,是不可能在城外得到真正的理解的。我们还是借助莎士比亚的原诗,从地狱中回到罗马的那个黎明。

五 夜莺

莎士比亚发表于1594年的《卢克利斯受辱记》是一首充满了烽火狼烟与征战杀戮的长诗。第一行写的是塔昆离开围困阿迪亚的前线,最后一行是罗马人民将塔昆家族永远驱逐。全诗处处充满战争一般的场面:塔昆的灵魂与欲望的斗争,他对卢克利斯讲的柯拉廷诺斯在战场上的故事,他在欲望的指挥下向卢克利斯卧室的前进,他跟门、风和绣花针的斗争,他向卢克利斯的进攻和对她的威胁,卢克利斯与塔昆的舌战,画布上的特洛伊大战,直到最后她的自杀;甚至就连卢克利斯脸上的红色与白色,都在摆开阵势。人们似乎无时无刻不在秣马厉兵,无时无刻不在担惊受怕。款待客人的场面很快变成讲述杀戮的时刻,卢克利斯短暂的酣睡成了塔昆攻击的战机,从痛苦中稍事休憩的卢克利斯马上又被画布上的烽烟所搅扰。

但是,有一个最关键的地方却成为征战与杀戮的盲点。那就是在卢克利斯初萌死志的时候，几乎在全诗（共1855行）的正中间（1037—1040行），诗人写道："说到这儿，她从被骚扰的床上跃起，/ 想去寻觅什么致人死命的凶器；/ 这从不杀生的房屋里，却没有任何器具 / 能为她增加出气的孔隙。"[1]

这恐怕是诗中最匪夷所思的几句话了。在常常领兵出征的柯拉廷诺斯的家里，连墙壁上画的都是特洛伊的故事，怎么会是不杀生的房屋（no slaughter house），怎么会没有一件可用的武器？最奇怪的是，如果卢克利斯在家里找不到武器，那么，后来她用来自杀的短剑又是从何而来的呢？

莎士比亚在全诗中间露出这么一个明显的破绽，究竟有什么用意呢？

卢克利斯寻找武器发生在她对黑夜、机运与时间的大段诅咒之后。对塔昆这三个帮凶的咒骂激起了她的自杀之志。

卢克利斯首先咒骂的是黑夜，因为它为塔昆壮起了作恶的胆量："现在他从时间中偷窃了黑夜的死静，/ 沉沉睡意，已合拢了人们的眼睛。/ 没一颗星星肯挂出它的明灯，/ 没有声音，只有鸱枭和豺狼凶鸣。/ 时机已到，好去惊恐 / 天真的羊群；纯洁的心意已经无声，/ 淫欲凶手却清醒着准备荼毒生灵。"（162—168行）

暮色悄然，塔昆的淫欲与畏惧同时显现。在良心与罪恶的第一

---

[1] 诗歌文本基于杨德豫译本，参考梁实秋译本和阿登版英文本作了适当改动。

尘世的惶恐与安慰
Agonies and Consolations in This Life

次交锋中,纯洁的心意借对正义的恐惧试图吓退他的邪念。这个声音劝他燃起神圣的光明,以家族的名声与骑士的荣耀,一夜欢愉的虚妄和他与柯拉廷诺斯的交情来苦苦劝告。但是,冰冷的良心终于无法阻挡炽烈的意志,一想到卢克利斯的一颦一笑,塔昆的欲望便被重新燃起。

莎士比亚在诗中入夜之际有一段对财富和欲望的讨论。他说,荣誉、财富、安乐,都不过是在年华消逝的时候滋养生命的东西,但人们却往往为这些陷入厮杀;化为一堆白骨之后,一切又都成空。

黑夜中的欲望与狼嚎,似乎正在讲述诗中各种邪恶、争斗与杀戮的原因。不仅塔昆对卢克利斯美貌的欲望,甚至卢克利斯舍身保护的荣誉、翁婿两个对卢克利斯尸体的争夺,都成为这个黑夜中为了养生反而送死的悲剧。而最初被唤来阻挡邪恶的,是塔昆的"畏惧"。不过,塔昆没有像霍布斯笔下的自然人那样因为畏惧而放弃杀戮。因为塔昆很快找到了战胜畏惧的向导:命运和爱。

卢克利斯诅咒作恶的黑夜:"扼杀安宁的夜啊,这地狱的幻影,/你给可羞的玷辱画押立传。漆黑的舞台上充满悲剧和罪行,/隐匿万恶的混沌,哺乳罪愆。/盲目蒙面的淫媒,藏污纳垢的港湾,/死亡的狰狞洞府,心怀叵测的同党/默许一切男盗女娼。"(764—770行)

黑夜给卢克利斯带来的,是巨大的羞辱。但对于这给她带来巨大伤害的夜,卢克利斯的第一感觉不是与它斗争,而是不愿让它逝去。虽然这夜是如此的邪恶和污秽,但还是"不要让嫉妒的白天看到我的脸",不要让柯拉廷诺斯的声名无法保全。卢克利斯想到,自己正是为了家庭的荣誉接待塔昆,这却带来更大的羞辱,那苦苦坚守的荣誉就像蜜蜂辛勤酿造的花蜜遭到偷窃,就像老人一生攒下的积蓄被儿子挥霍干净。这,不正是为了养生反而丧生的最好例证吗?对塔昆的断语怎么变成了对卢克利斯的评判,对罪恶的诅咒怎么变成了对黑夜的留恋?卢克利斯无法解开这个结,无法逃离这个充满了征战与杀戮的夜,因为她并不想离开。

倒是塔昆这个黑夜的孩子,更加向往白昼的阳光。命运的光似乎可以帮他把一切污秽打扫干净。在卢克利斯的房门前,塔昆祈求诸神帮助他冒险。他忽然想到这恶行是不会受到保佑的,于是,他为自己发明了两个新的神:"那么让爱和命运做我的向导和神,/坚毅的决心做我意志的后盾。/没有实现的思考不过都是幻梦,/再深的罪孽也会被宽恕涤清。/畏怯如冰,在爱的火下已无影无踪,/天堂的眼睛隐匿在夜色蒙蒙,/夜把欢快后的羞辱也会遮掩干净。"(351—357 行)

他就这样下了最后的决心。大胆的狂妄之徒怎么敢另立新神?但是,我们细看他的这两个神,不觉得似曾相识吗?那用爱来超越善恶的道德,那靠意志来把握命运的希望,那靠宽恕来洗涤罪孽的忏悔。这两个奇形怪状的神背后站的,不正是基督教的上帝吗?如果爱和宽容真的能成为主宰世界的神,它们不仅可以克服人们必然要犯的小错,而且可以成为抗拒怕死之心的最初勇气。这几乎就是为提摩太授权的那个神。这个邪恶的塔昆,不就是佛罗伦萨的卡利马科吗?

尘世的惶恐与安慰
Agonies and Consolations in This Life

在黑夜的庇护下又诅咒黑夜的卢克利斯知道机运对自己的不公："哦机运，你的罪孽实在深重！／是你促成叛贼的恶行；／你给恶狼指点羔羊的行踪；／为所有罪行的策划准备时令。／是你摒弃了正当、法律和理性；／罪恶在你阴暗的巢穴安然坐定，／无人可寻，他却随时捕捉走过的身影。"（876—882 行）

既然是机运，那它就永远在制造偶然，在破坏人们的预期，在改变正常的生活。在卢克利斯这样循规蹈矩的女子看来，它带来的当然永远是邪恶和不幸。在命运主宰的世界，医生永远在病人死去时睡觉，饕餮永远在饿殍遍地时吃喝，正义永远在鳏寡哭泣时宴饮，良药永远在疾病流行时消失。正是那个崇尚爱与机运的神，接受塔昆的忏悔，使卢克利斯变成弃儿。他对挣扎于沉沉黑夜中的人们许诺的并不是正义与美德，而是忏悔与救赎。他不会阻止塔昆对美色的掠夺，也不会诅咒卢克利斯对荣誉的执著。这里并不是没有正当、法律和理性，但是人们要在杀戮与求生中寻找生命的避难所。

得到机运辅助的塔昆当然懂得时间的价值。在塔昆前往卢克利斯的卧室的路上，锁与门阻挡他的前行，鼬鼠发出恐吓的叫声，微风吹灭了他的蜡烛，绣花针刺破了他的手指。但对这些，塔昆没有理解为对他的警告，反而当成必经的磨难。虽然机运并不是总在保护他，但时间却把磨难变成愉悦，把罪孽变成忏悔，把恐惧变成胜利。"哦，哦"，他说，"这些阻梗充满时间，／就像偶尔的料峭威胁春天，／给以后的韶光增添更多欢忻，／让冻缩的鸟儿有更多理由唱得更欢。／经历过磨难的好事，会显得分外甘甜：/遍历巨石、烈风、悍盗、沙石和礁岩，/商贾遍经担惊受怕，才能衣锦回还。"（330—336 行）

卢克利斯这样诅咒时间："状貌狰狞的时间，丑恶的夜的谋主，/敏捷善变的使者，传送凶讯的驿卒，/吞噬青春的恶兽，侍奉欢乐的奴仆，/灾难的卫士，罪孽的驮马，美德的牢囚！/你哺育一切生灵，又将一切存在戕毒：/杀人的欺诈的时间，听我倾诉！/对于罪孽给我带来的死，你的过错不可饶恕。" （925—931 行）

在卢克利斯眼里，时间把美好变成邪恶，把生存变成死亡，滋养了黑夜，孕育了机运，是一切不幸的源头。不过，她似乎仍然抱着一线希望，因为盲眼的时间毕竟也在孕育生命。它也许还会把塔昆的欢愉变成痛苦，使他的幸运变成失望，使他的荣耀变成卑贱。她甚至希望时间能够把塔昆逼疯，让他自己把自己杀死。这是诗中第一次提到自杀。

时间不仅孕育了所有的生命，也在所有生命的保存中剥夺了一切存在。这里提到塔昆的自杀并不是偶然的。黑夜中人们恐惧死亡，相互杀戮，正是靠时间的帮助寻求机遇，一些人才会获得生存，而另一些人才会被自己或别人夺走性命。卢克利斯在这里究竟是在诅咒塔昆的悲惨下场，还是为自己思考了结的方式呢？似乎正是这个无奈的诅咒，提醒了她自杀这条逃出命运支配的出路。如果塔昆不会杀死自己，就只能是她杀死自己了；因为时间和命运为大家摆下的是你死我活的战场。

尘世的惶恐与安慰
Agonies and Consolations in This Life

黑夜、命运和时间，莎士比亚作品中的这三个常见的主题，与其说是在表达卢克利斯的愤怒，不如说是在描画塔昆与卢克利斯共同面临的生活境遇：卑鄙的塔昆对爱与美丽的追求，和高贵的卢克利斯对荣誉与美德的追求没有什么不同。时间与机运，还有塔昆所谓的爱，似乎把美好与邪恶之间的区别都打扫得干干净净。那激起塔昆的勇气、战胜畏怯的，不正是卢克利斯对丈夫高贵的担忧与纯洁的微笑吗？而卢克利斯对黑夜的诅咒，几乎是完全出于对名誉扫地的畏惧，而这与塔昆当初的胆怯又有什么分别？要知道，在卢克利斯刚被塔昆惊醒的时候，她最初的反应不正是对鬼怪与豺狼的畏惧与颤抖吗？倒是机运与爱帮助塔昆战胜了自己的懦弱，而卢克利斯即使在塔昆走后还颤抖不停。同样处在狼吃人的战场中的塔昆与卢克利斯，都在挣扎与拼斗。塔昆成功地借助机运之神走出了可以随意被杀的自然状态，已经进入了大胆地征服与卑微地忏悔的时刻。就像唐纳森（Ian Donaldson）所注意到的，在文艺复兴时期很多描绘卢克莱西亚受辱的绘画中，虽然卢克莱西亚往往全身赤裸，塔昆却常常衣冠楚楚（比如提香的《塔昆与卢克莱西亚》），似乎很不符合当时的场景和一个强奸者的身份。[1] 但是，这种设计好像在告诉我们，用机运与爱武装起来的塔昆已经远非赤裸着美丽与美德的卢克莱西亚可比的了。

---

[1] Ian Donaldson,《卢克莱西亚的强暴》(*The Rapes of Lucretia*), Oxford: Oxford University Press, p. 20.

如果说仅仅诅咒黑夜还是对恶行的愤恨,对机运特别是对时间的痛斥就已经完全脱离了具体的事件。塔昆的阴谋得逞不过是一个偶然,但如果世界就掌握在偶然这个神的手里,如果时间就是这么无情,那美德还能有什么希望呢?这样的诅咒越多,不仅正义胜利的可能性越小,而且卢克利斯反而会越来越认可塔昆所立、使她受辱的新神。对于不仅追求荣誉而且崇尚美德的卢克利斯来说,这个现实是无法接受的。

这首诗的解读者争论最激烈的,就是卢克利斯是否自己有罪。这种争论正暗合了历史上对卢克莱西亚的争论。但是,如果我们看到卢克利斯已经承认了塔昆的新神,那么,她是否有罪也就没什么可争论的了。亚当以后的所有人,生下来就是有罪的,卢克利斯怎么能免于这种命运呢?只有认信基督的人的罪才会被赦,而塔昆向命运之神的祷告,不正是他的洗礼吗?而承认命运之神却又诅咒他的卢克利斯,怎么可能得到赦免呢?

在卢克利斯这里,原罪不再是人类祖先需要我们来偿还的孽债,而是每个被包裹在杀戮与争斗中的人的必然命运,是不靠忏悔屈从于命运时的软弱、欠缺、失败与绝望,是处在这个世界中必然被染上的污点。这个污点不是一定要犯错误才会出现的,那又何必计较同床的时候是否配合了呢?塔昆的恶行与其说给她染上了污点,不如说使她发现了这个污点。当她发现是时间在褫夺自己的贞洁与荣誉的时候,那罪怎么可能只是塔昆给的呢?卢克利斯的诅咒,已经完全变成了对

尘世的惶恐与安慰
Agonies and Consolations in This Life

受命运控制的每个个体的处境的哀悼。后来她对丈夫说,要为"你、我,还有他自己"报仇,这句直接取自李维的话,已经有了根本不同的意义。

塔昆即使有再大的恶,也可以靠他的忏悔洗刷;卢克利斯这个被玷污了的人,因为良心的折磨和美德对命运的抗争,却怎么也不肯屈服。

因此,卢克利斯越是诅咒得厉害,她越是看到这污染的不可避免,越是无法找回希望。在认识到这些诅咒都无济于事的时候,她想到了一个清除污染的办法:"我枉然咒骂机运声嘶力竭,/咒骂时间、塔昆和不祥的黑夜;/我枉然责怪自己的身败名裂;/我枉然拒绝必来的污蔑;/无益的言辞无法给我公道的判决。/而今唯一有效的良方,/就是倾洒这败坏得肮脏的血浆。"(1023—1029行)

卢克利斯不会像塔昆和佛罗伦萨的卢克莱西亚那样,借助忏悔来度过一生的茫茫黑夜;她似乎比他们更勇敢,因为要与命运抗争到底;但好像也比他们更软弱,这种抗争其实是更懦弱的屈服。

卢克利斯的悲伤来自两个方面:一个是对丧失名誉的哀悼,一个是对美德永远不被命运惠顾的悲哀。她的斗争因而也有保护名誉和捍卫美德两方面的意义。在面对命运无可奈何、想一死了之的时候,卢克利斯看到了美德在命运面前永远是个悲剧,这个行为更多的是继续争夺荣誉的战争,虽然战场已经移到了自己的身上。她再一次变成了那种为追求养生而丧生的例子。

但冷酷的"机运"使卢克利斯连一把匕首都找不到。"从不杀生的房屋"这句话当然在点明她的念头不过是一种杀戮。而且卢克利斯自己也说这是"侥幸的了断"。

"我枉然活着",她说,"而又枉然,/为不幸的生命寻求侥幸的了断;/我害怕被塔昆砍翻,/而今又为同样的目的寻找利剑;/但当我害怕时我贞洁淑娴;/而今还是——啊,但现在却又怎敢!/塔昆已经夺去贞洁把我污染。"（1044—1050 行）

杨德豫先生将 happiless 和 happy 分别译成"不幸"和"侥幸",非常恰当。这里的幸福与否正是取决于命运的施舍。而自杀这种方式,不过是以最后的战斗来从命运中偷窃胜利,甚至是一种掩耳盗铃式的偷窃,因此不过是侥幸而已。虽然卢克利斯自称是"我的命运我自家做主",但就在与命运以死抗争的时候,她再次被命运击败。当初怕被塔昆杀死是怕被栽赃恶名,而今自杀又是为了保全名誉。对于卢克利斯来说,保全名誉不过是另一种自我保存。在找不到武器之后,卢克利斯仍然在继续抱怨名誉的丧失,直到诗作的第 1078 行。

既然卢克利斯如此爱她的名誉,不断地为保存和争夺它而努力,那她怎么可能是没有杀生过的人呢?说卢克利斯的房子是没有杀生的,与说武将柯拉廷诺斯的房子是不杀生的一样荒唐。那这不杀生的房子又怎能阻止她的自我谋杀呢?

因此,莎士比亚说的不杀生就不可能是说这里没有发生过因争夺而起的战争;也不是说房子的主人没有产生过杀戮的念头或行为;当

尘世的惶恐与安慰
Agonies and Consolations in This Life

然更不是说，房子里的人会不食人间烟火而不爱名利或特别仁慈。在这个被命运主宰、人人因害怕死亡而求生存的世界里，不杀生的只有一种人，那就是被杀的人。只有永远得不到命运的青睐而没有机运杀别人的人才可能不杀生，才可能没有武器。卢克利斯是因为根本无法杀别人，因而也无力杀死自己，才保存了自己的性命。卢克利斯只有害怕的份而没有凶残的可能，只有保存荣誉的欲望而不可能向命运抢夺（或者说偷窃）荣誉。也许正是在这个意义上，莎士比亚才会把她叫做弃儿。可是，因为无法侥幸自杀而活下来，这又究竟算是不幸还是侥幸呢？

在自杀不成之后，这个躲在黑夜中的女子终于"不幸"地见到了那冉冉升起的太阳。一切的失败与污染都要大白于天下。她就像夜莺一样终止了自己的歌唱，恐惧地看着白天的眼睛一点一点挤进她的黑夜。而正是与夜莺的对话使她再次产生了自杀的念头。[1] 奥维德笔下的夜莺的故事，大概是《变形记》中最悲惨的一篇了。

夜莺名叫菲洛米拉（Philomela 或 Philomel），本来是雅典王的女儿。菲洛米拉的姐姐普罗克涅（Procne）嫁给了色雷斯王特瑞斯（Tereus）。就在普罗克涅生下了儿子依提斯（Itys）之后，因为普罗克

---

[1] 关于夜莺的讨论，参见 Jane Newman,《让温柔的女人在他面前不再温柔》("And Let Mild Woman to Him Lose Their Mildness: Philomela, Female Violence, and Shakespeare's *The Rape of Lucrece*"), *Shakespeare Quarterly*, v 45, issue 3 (Autumn, 1994), pp.304-326。

涅想念妹妹,特瑞斯到雅典去请她到色雷斯。特瑞斯见到菲洛米拉,像塔昆一样燃起了欲火,于是在前往色雷斯的路上奸淫了菲洛米拉并割去了她的舌头。姐妹俩终于见面后,悲愤的普罗克涅杀死了自己的儿子依提斯,和菲洛米拉一起把他切割烹煮,以饷其夫。特瑞斯发现自己吃下的是儿子的血肉,与手上依然沾满了血的两姐妹厮打追逐,于是菲洛米拉化为夜莺,普罗克涅化为燕子,特瑞斯也变成了戴胜。

菲洛米拉的命运似乎正是卢克利斯的遭遇。卢克利斯愿意把自己的舌头借给菲洛米拉,而菲洛米拉似乎要借给她杀的勇气与力量。"你的胸脯靠在荆棘上,/提醒自己的仇恨与创伤;/不幸的我愿意模仿你,用尖刀抵住我的心房;/以使我自己触目惊惶,/一打瞌睡就把命丧;/让荆棘与尖刀变成丝竹,/调弄心弦,奏出哀伤。"(1135—1141行)

正是命运对侥幸的死的吝啬使她获得了侥幸的生。连侥幸都没有的最大不幸已经变成了幸运。(《李尔王》中格鲁斯特在自杀未死后对自杀的放弃,与卢克利斯在自杀不成后坚定了自杀的信念,有异曲同工之处。)这种幸运却又鼓起了卢克利斯杀的勇气。命运以她特有的残酷方式给了卢克利斯最大的恩典——此时卢克利斯,而不是塔昆,才像那转动命运之轮的神。

逃出命运的陷阱不能靠丝毫的侥幸,菲洛米拉血淋淋的故事告诉卢克利斯,应该用尖刀抵在命运的眼前,而不是从命运那里偷窃已经失去的荣誉。这个刺痛的真理是那么无情,使人一有恍惚就会倒在自

尘世的惶恐与安慰
Agonies and Consolations in This Life

己的刀口之下;为了不在侥幸的争斗中杀死自己,唯一的出路是让尖刀吟唱自己的痛苦。用自杀防止自杀,用对命运与污染的扼杀来征服命运和拒绝污染;当她自己也变成了夜莺的时候,卢克利斯已经不再是不杀生的弱女子。也许正是这时候,她雪白的美德已经从百合变成了利剑。红色的美丽与白色的德性之间争做女王的斗争,只有伴随着夜莺的吟唱,才能真正变得惊心动魄、光彩照人。

被菲洛米拉的歌声灼伤的卢克利斯已经找到了思考自杀的关键所在:

> 杀死我自己,她说,其意何如,/不过是让灵魂,与身体一起受污?/丢掉一半财物的失主,/应该比彻底丧乱的人更小心守护。/这样的母亲可真残酷,/她有两个娇儿,一个被死亡攫捕,/就要杀掉另一个,一个也不哺乳。
>
> 哪一个更为宝贵,身体还是灵魂,/其中一个干净,另一个也就属于神?/两个都要留给天国与夫君,/柯拉廷诺斯与天堂,谁对我的爱更近?/葱茏挺拔的青松,树皮一旦被剥尽,/树叶也会枯黄萎顿;/灵魂的树皮已经剥去,它也只能凋殒。
>
> 它的房屋遭劫,安宁告终,/堂皇府第已被敌人夷平,/祈神的殿堂,被玷辱、踩躏和污损,/遭到那可耻的恶名围困。/不要说这是冒犯了神,/如果我在这残破的堡垒打出孔穴,/渡出我受难的灵魂。(1156—1176 行)

自杀的决心正是在对灵魂与身体的思考中坚定的。在已经生活于命运与爱的世界中的卢克利斯这里,这个奥古斯丁式的问题怎么会再次得出完全相反的结论?上面第一段的理由引出后面自杀的结论,似乎是非常古怪的逻辑。既然不能因为身体受辱而戕害灵魂,为什么还要让身体和灵魂一同凋殒呢?

但保护灵魂正是卢克利斯自杀的理由。自杀的目的不是为了把灵魂与身体一同丢弃,而是靠杀死自己渡出"受难的灵魂"。只有这样的自我保存,才能真正小心守护那已经受到威胁的灵魂。上面第一段中使灵魂受辱的"杀死我自己"是为了偷窃名誉而使自己被杀;而第三段中的自杀却是为了清洗灵魂主动地杀。救出灵魂的自杀,就是用鲜血来警醒自己的眼睛,像菲洛米拉那样吟唱自己的痛苦,避免偷窃命运的死。

虽然追求美德和向往名誉似乎是一回事,但现在的卢克利斯关心更多的已不再是荣誉。她正是借助特洛伊大战中勇猛的将士与坚强的赫库柏表达出了这种微妙的转变。站在这幅画前的卢克利斯,想得更多的已经不是羞辱与荣誉,而是生死与善恶。

卢克利斯在她的遗嘱中说:灵魂上天,身体入地;光荣属于刺进身体的短剑,耻辱归于毁弃她的名声的塔昆;在生时搅扰她的一切名声,将属于那些不鄙薄她的人们。荣誉与耻辱,这仍然是她看重的东西,但它们只能属于短剑和别人。而她自己,却要在与命运的斗争中升上天堂。

尘世的惶恐与安慰
Agonies and Consolations in This Life

据阿登版的编者说,莎士比亚的遗嘱正是这样写的:"我的灵魂交给上帝……我的身体归于大地。"

> 她插进无辜的胸 / 一把伤人的刀,灵魂飞升 / 这一击使它不再惶恐,/ 把它释放出那龌龊的牢笼。/ 忏悔的叹息把灵魂送入云层,/ 展翅翩跹,飞离她的伤痛,/ 命运已尽,从此获得永生。
> (1723—1729 行)

卢克利斯终于忏悔了,也终于找到了消灭"惶恐"的办法,但既不像佛罗伦萨的卢克莱西亚那样面对自己的忏悔神父,也不像塔昆那样以爱的名义,而是以尖刀的名义,以血的方式。她没有屈从于命运,因为命运毕竟不是神;但取消了命运仍然可以使她获得永生。

卢克利斯的自杀会使我们想到罗密欧与朱丽叶的自杀。当罗密欧最初向神父表达轻生的念头时,遭到了神父的申斥;但当朱丽叶向神父咨询时,神父却建议她采取一种和死差不多的办法。《罗密欧与朱丽叶》这个更加惊心动魄的自杀故事,与卢克利斯的故事有着不可忽视的关联。

不过,就是到《卢克利斯受辱记》的最后,我们仍然没看到,卢克利斯那把光荣的短剑究竟是从哪里来的。夜莺给她的毕竟只是一丛荆棘。难道她就用这荆棘杀死了自己?或者,莎士比亚根本就在拿这个没有武器的人的生死开玩笑?他根本就不认为卢克利斯真的会死?

生的悲剧，死的喜剧

命运已尽，从此获得永生。（伦勃朗作品）

即使到最后,他也在含糊地表达对自杀的否定,就像他让格鲁斯特最终放弃自杀,而让罗密欧与朱丽叶死在一个错误之中那样?[1] 卢克利斯自杀的故事,难道根本就是布鲁图斯为建立共和国伪造的神话?如果是这样,那"地狱中的卢克利斯"岂不是一开始就是一个荒唐的错误?那她就既不曾纺织命运,也没有可能与塔昆鬼卒传书。

六 死与生

正是布鲁图斯第一次说出,卢克利斯的自杀是个错误。

布鲁图斯最初是一个装疯卖傻、插科打诨的白痴。可是,就在卢克利斯自杀之后,这个白痴不仅毅然呵止了柯拉廷诺斯翁婿的哭哭啼啼,而且带领罗马人民驱逐了塔昆家族,建立了罗马共和国。历史记载,布鲁图斯的两个儿子后来与塔昆家族勾勾搭搭,阴谋复辟。事败后,布鲁图斯毫不留情地杀死了儿子。再后来,布鲁图斯竟然因为柯

---

[1] 在莎士比亚的喜剧和诗歌中,生与死之间的这种关系是一个常见的意向。比如在《冬天的童话》中,死去的王后竟然在多年之后复活了(第五场,第二幕98行以下)。而莎士比亚对王后的"雕像"的描写(特别是 V. 2. 19-20),及其对生死的游戏的刻画可以和对卢克利斯的睡姿的描写对观。而这个复活的情节也是《冬天的童话》的来源中所没有的。

拉廷诺斯与塔昆之间有某种亲戚关系,把卢克莱西亚的这个丈夫也驱逐出了罗马。这似乎并不能说明他在玩弄权术。不久之后,布鲁图斯在与塔昆的复辟军队对阵的时候,竟然鲁莽地挺枪而上,结果一出场就与敌人同归于尽。历史上的布鲁图斯似乎不仅是一个不会哭的人,而且真的颇为愚鲁。

在莎士比亚的诗里,布鲁图斯对柯拉廷诺斯说:"让我这个没头脑的人,人们说的傻子,来开导你的精明的智慧。"难道罗马共和国,这个西方自由政治的真正源头,竟然是一个傻子带着人们建立的吗?这是一个多么荒唐的场景: 一个傻子招呼着一群乌合之众,抬着一具血淋淋的美女尸体,就这样推翻了罗马王国。

熟谙罗马史的人们说,布鲁图斯的疯癫只是一种伪装;莎士比亚不是也提到这一点了吗?那么,伪装白痴的人就应该是极其聪明的人。可是,面对卢克利斯的尸体,难道布鲁图斯真的表现出什么超乎常人的智慧了吗?显然,此时的布鲁图斯,并不比后来执掌罗马共和国的时候聪明多少。其实,不仅布鲁图斯,就连柯拉廷诺斯和卢克莱修斯在卢克利斯死后也变成了滑稽的白痴,像小孩一样争夺起她的尸首。据说,卢克利斯的鲜血流成了两股,把她的身体像一个荒岛那样包围了起来。在那些认为卢克利斯根本没有犯罪的罗马武将的眼中,她的血竟然分成了红黑两色,据说一半是纯洁的,一半受了污染。阿登版的编者还煞有介事地争辩说,我们不该责怪莎士比亚不懂得血液凝结的医学知识。莎士比亚以他惯用的以喜剧写悲剧、寓悲哀于滑稽的技法[1]，不仅嘲笑了那些罗马武将，而且向阿登版的编者做了一个鬼脸。虽然卢克利斯的悲剧才刚刚达到高潮，共和国的喜剧已经上演。正是在杂乱的吵闹声中，我们已经听到了罗马共和国执政官的声音。

这种喜剧的声音不仅始终伴随着悲壮的自杀，甚至早在塔昆污辱卢克利斯之前最危险的时刻就可以听到了。有谁曾经像莎士比亚这样用死亡来描写一个睡美人吗？有谁曾经在死亡中看到这么活泼的美与生机吗："她的发宛如金丝，由着她的气息嬉弄；/哦，这淘气的贞淑！贞淑的淘气神情！/在这死的图像中，展现生的优胜，/在那生的永恒中，揭示死的暗影；/生与死在她的甜睡里，各自妆点着对方，/俨若从来就没有过纷争，/而是生寄于死，死寄于生。"（400—407行）

在这首以战争和死亡为主题的诗里，莎士比亚似乎是在写一个生与死的游戏。本来是滋养生命的欲望使塔昆来到卢克利斯的床前，而这求生的抢夺不仅杀死了卢克利斯，甚至摧毁了整个王国。诗歌中几乎所有的人都被求生的欲望推到了死的边缘，而卢克利斯又是靠死获得了永生。

---

[1] 莎士比亚以喜剧的方式写自杀的地方很多。参考 Martha Tuck Rozett,《悲剧结局的喜剧结构：莎士比亚的〈罗密欧与朱丽叶〉和〈安东尼与克丽奥佩特拉〉》(The Comic Structure of Tragic Endings: The Suicide Scene in *Romeo and Juliet* and *Anthony and Cleopatra*, *Shakespeare Quarterly*, v.36, issue 2, Summer, 1985)。

那幅特洛伊画布,不也正是从无生中给出了生吗?尤其是与卢克利斯心有灵犀的赫库柏,不正是在一个僵死的躯壳中表现着生吗?在这毫无生命力的画布面前,已经变得勇敢的卢克利斯似乎又感到了生命中的一切。羞涩、眼泪、疲倦、微笑、误解,这些正是在死的图像中,展现着生的优胜。而对于罗马人来说,特洛伊的毁灭不正孕育了他们城邦的开端吗?[1]

莎士比亚并没有板着面孔谴责人们的欲望和纷争。为了养生反而丧生并不是因为某些人的邪恶,而是人们所处的根本处境。面对命运的不公和肮脏的世界,唯一能获得永生的办法是和它一同毁灭。这些都是使卢克利斯的死成为悲剧的原因。但是,死与生的吊诡变成游戏,这无可奈何的命运变成灵魂上天的机会,同样的故事却变成了喜剧。卢克利斯那红黑两色的血,也许正在告诉我们生寄于死、死寄于生的道理。

卢克利斯死后究竟会下地狱还是上天堂,我们其实无从知道。但面对这个"神圣的人"的死,我们却看到了一幕真正的人间喜剧。

诗中最具喜剧色彩的,大概要算柯拉廷诺斯和卢克莱修斯的争夺了:"卢克莱修斯哭道:'她太早而又太迟地/抛洒的生命,乃是我赋

---

[1] 参见 Judith Dundas,《嘲讽心灵:莎士比亚〈卢克利斯受辱记〉中艺术的作用》, (Mocking the Mind: The Role of Art in Shakespears's *Rape of Lucrece*), *Sixteenth Century Journal*, v.14, issue 1(Spring, 1983), pp.13-22。

尘世的惶恐与安慰
Agonies and Consolations in This Life

予。'/'惨啊'柯拉廷诺斯喊道,'她是我的,我的妻,/她所戕杀的生命也只是属于我的。'/'我的女儿!''我的妻!'喧哗着,向空中飘去,/那里的空气,把持着卢克利斯的精魂,/应答着他们的呼号:'我的女儿!''我的妻!'"(1800—1806 行)

一些解释者认为这是对翁婿二人的讽刺,说他们只知道争夺和占有,甚至和邪恶的塔昆没有什么区别。[1] 是的,在争夺与占有这一点上,不仅翁婿二人,就连卢克利斯也和塔昆没什么区别。因为这不正是生命的应有之意吗?这个情景确实把一个悲剧的场面变得滑稽起来。然而,这个滑稽的场面并没有掩盖人们的真正悲哀。不恰恰是那些存在误解与天真的悲哀,常常使我们更容易落泪吗?我们没有必要刻意否定生死之间的界限;而正是这个把死者永远排除出去的界限,界定了死的意义与活的价值。生与死的游戏中最重要的一点不是生与死的相伏相倚,而是本来相互凭借的两种东西之间的否定与排斥。

布鲁图斯对柯拉廷诺斯的斥责进一步点明了这种界限:"难道苦难,柯拉廷诺斯,能把苦难解救?/创伤能治愈创伤,哀愁能减却哀愁?/杀害你妻子的恶人,犯下这卑鄙的罪咎,/你给你自己一刀,就算申雪了冤仇?这种童稚的气性,出自软弱的心头;/你的薄命的妻子,真是大错特错:/她不该杀死自己,而该杀死敌寇。"(1821—1827 行)

---

[1] 如 Ian Donaldon,前揭,第 51 页。

布鲁图斯对自杀的否认恰恰是对卢克利斯美德的肯定。头脑简单的他并不比柯拉廷诺斯更理解卢克利斯。倒是正因为他更不理解，所以他也不愿意假装理解这不可能理解的痛苦。他要做的，反而是说清楚，生者不必纠缠在死者身边；只有这样，生者才知道应该做些什么。布鲁图斯与翁婿二人对卢克利斯自杀的两种反应，使我们想到卢克利斯与侍女和信差之间的误解。

卢克利斯决心自杀之后，好像终于理清了思绪。她叫来了侍女。那侍女惊讶于主母的悲哀，也陪着落下了眼泪，而卢克利斯问她为什么哭的时候，她却无从回答。于是，卢克利斯转而问她，塔昆是什么时候走的。这个只有她最清楚答案的问题，侍女怎么可能答得出呢？侍女这无端的哭泣也许正告诉我们，柯拉廷诺斯与卢克莱修斯的眼泪同样是没有道理的。他们不知道卢克利斯的悲伤究竟在哪里，不知道塔昆究竟在哪里，也不知道卢克利斯究竟在生死之间的什么位置上。

卢克利斯准备向丈夫报信的时候，叫来了一个信差。那个忠厚的信差因为匆忙而满脸泛红，卢克利斯却以为他知道了自己的羞耻，也跟着红起了脸；而她的红脸使信差更是不知所措。两个绯红的脸庞尴尬相对，沉默瞬间后，信差就飞奔报信去了。这不正是布鲁图斯吗？人们以为这个为卢克利斯报仇的人最清楚卢克利斯的苦，但是这个头脑简单的人并不是因为哀伤而红脸，而是因为忠诚与匆忙。他的血脉舒张根本不同于卢克利斯的揉碎桃花。

在面对死亡的这个场景中，没有人鼓盆而歌，也没有人铭刻在

尘世的惶恐与安慰
Agonies and Consolations in This Life

心,而是充满了慌乱与急躁。武将哭成了白痴,白痴变成了将军。他们在吵闹中举起了死者的尸体,在悲愤中奏起了凯歌。布鲁图斯挥动着卢克利斯的短剑,像那个信差一样向罗马飞奔。正像卢克利斯在遗嘱中说的,那把莫须有的短剑确实获得了永远的光荣,而这把剑为卢克利斯那同样莫须有的自杀带来的,是永远的放逐和真诚的尊敬。这是生与死的游戏的最后一幕,也是最重要的一幕。

也许莎士比亚在写下最后这一连串场景的时候,想到了塞涅卡的那句名言:

> 布鲁图斯给了我们自由,而卢克莱西亚给了我们布鲁图斯。
> (*Bruto libertatem debemus, Lucretiae Brutum.*)

2002 年 7 月 23 日于康桥绛园

属灵的劬劳

——莫尼卡与奥古斯丁的生命交响曲[*]

我任凭我抑制已久的眼泪尽量倾泻,让我的心躺在泪水的床上,得到安宁,因为那里只有你听到我的哭声,别人听不到,不会对我的痛哭妄作揣测。主啊,我现在在文字中向你忏悔。谁愿读我所作,请他读下去,听凭他作什么批评;如果认为我对于在我眼中不过是死而暂别、许多年为我痛哭使我重生于你面前的母亲,仅仅流了少许时间的眼泪,是犯罪的行为,请他不要嘲笑,相反,如果他真的有爱人之心,请他在你、基督众兄弟的大父面前,为我的罪恶痛哭。

---

[*] 本文原刊于《经典与解释》第 24 辑,略有改动。

属灵的劬劳

> 知乐,则几于知礼矣。
> ——《礼记·乐记》

一 于汝安乎

公元387年到388年之间的冬天,对于年轻的奥古斯丁来说,既充满了大欢喜,也有着无限的悲哀。身心经过痛苦挣扎的他,终于走出了长期以来的思想斗争,在米兰接受洗礼,加入大公教会;但同时,一直在给他巨大慰藉的母亲莫尼卡,却在奥斯蒂亚这个小镇去世了。

但使奥古斯丁更加痛苦的,还不是这个丧亲之痛,而是在经历了一番哲学的洗礼之后,他忽然不知道应该如何来表达丧母的悲哀了。一方面,自然而然的亲情激起了他的无限哀痛;另一方面,哲学的理性加上基督教的信仰又在告诉他,既然母亲一生正直,没有什么亏缺,她死后就不会有什么罪受,反而可能是走向了更幸福的所在。既然如此,为什么还要哭泣呢?难道不应该为母亲感到高兴吗?丧母的自然情感与基督徒的理性相互冲突,一时间使奥古斯丁不知如何是好。这种冲突给他带来的折磨,并不亚于丧母本身的痛苦。他这样向上帝忏悔:

尘世的惶恐与安慰
Agonies and Consolations in This Life

我深恨自然规律和生活环境必然造成的悲欢之情对我的捉弄。
（哥佐利作品）

属灵的劬劳

> 我在你的耳际——没有一人能听到的——正在抱怨我心软弱，竭力抑制悲痛的激浪，渐渐把它平静下来；但起伏的心潮很难把持，虽未至变色流泪，终究感觉到内心所受的压力。我深恨自然规律和生活环境必然造成的悲欢之情对我的捉弄，使我感觉另一种痛苦，因之便觉有双重悲哀在折磨我。[1]

面对母亲的刚刚去世，却要为自己的悲哀之情愧悔，甚至还付出巨大的努力来与这种自然情感作斗争，这在中国读者看来，不仅是麻木不仁，甚至可以说迹近禽兽。若是被孔夫子听见了他的这些话，奥古斯丁一定会遭到远比宰予更甚的一顿臭骂。不过，奥古斯丁这根朽木似乎比宰予还是多了点心思。到了这场情感斗争的最后，奥古斯丁最终还是放弃了对悲痛的压抑：

> 我任凭我抑制已久的眼泪尽量倾泻，让我的心躺在泪水的床上，得到安宁，因为那里只有你听到我的哭声，别人听不到，不会对我的痛哭妄作揣测。主啊，我现在在文字中向你忏悔。谁愿读我所作，请他读下去，听凭他做什么批评；如果认为我对于

---

[1] 奥古斯丁：《忏悔录》，周士良译，北京：商务印书馆，1997，9:12〔31〕。下文《忏悔录》均用此译本，必要时对译文略加改动，拉丁原文根据 James O'Donnell 编辑的三卷注释本《忏悔录》(Oxford: Clarendon Press, 2000)；奥古斯丁其他的著作则由笔者直接从拉丁文译出，也只注出章节号。

尘世的惶恐与安慰
Agonies and Consolations in This Life

> 在我眼中不过是死而暂别、许多年为我痛哭使我重生于你面前的母亲,仅仅流了少许时间的眼泪,是犯罪的行为,请他不要嘲笑,相反,如果他真的有爱人之心,请他在你、基督众兄弟的大父面前,为我的罪恶痛哭。(《忏悔录》,9:12〔33〕)

虽然不是在葬礼的当天,奥古斯丁毕竟还是意识到,作为一个虔诚的基督徒,任由自己的眼泪为母亲流淌,不仅是完全正当,而且是应当做到的;而以宗教和哲学的名义来扼杀这种自然情感,终究无法让人心安。虽然奥古斯丁仍然认为,为了地上亲人的死而流泪是一种软弱的表现,但恰恰是他的这些眼泪,而不是此前的强作镇定,医治了他因为母亲的死而产生的创痛,从而使他终究获得了内心的安宁。奥古斯丁似乎从完全不同的理由,得出了与孔夫子非常相似的结论:必须以泪水来祭奠辞世的亲人。或许正是对人之常情的这种让步,使基督教最终还是超越了斯多亚哲学的冷酷,使这对母子能够安详地躺在上帝的怀抱中。只有一个能够体察到人情的敏感与脆弱的宗教,才能像基督教这样,有着旺盛的生命力。

或许正是出于中国人的敏感,我每次读《忏悔录》的时候,都对第九卷的后半部分有极大的兴趣和困惑。在《忏悔录》的研究史上,由于这一卷涉及奥古斯丁的皈依、奥斯蒂亚异象等著名事件,而成为此书前九卷中颇受重视的一卷。不过,这一卷中对莫尼卡的大段回忆,特别是关于莫尼卡家庭生活的部分,西方学者感兴趣的却并不多。但《忏悔录》给我带来的首要问题就是，奥古斯丁究竟如何从压抑自己的悲痛，变得为人情正名，以致能够在基督教的信仰框架中容纳下莫尼卡那些婆婆妈妈的琐事呢？

二 两次葬礼之间

奥古斯丁的这段思想斗争，大概很容易让人想到耶稣见到他的母亲和兄弟时说的话："谁是我的母亲？谁是我的弟兄？"（《马太福音》12:48）。而同样是《马太福音》中的另外两段名言，尤其为这种六亲不认的态度提供了理由："弟兄要把弟兄，父亲要把儿子，送到死地。儿女要与父母为敌，害死他们。"（《马太福音》10:21）"因为我来是叫人与父亲生疏，女儿与母亲生疏，媳妇与婆婆生疏。人的仇敌就是自己家里的人。"（《马太福音》10:34-35）

奥古斯丁的改造，确实使基督教成为一个体察人情的伟大宗教，但这绝不意味着，他就真的成了孔子的门徒。在任由自己眼泪流淌的时候，奥古斯丁并没有否定先前阻止自己哭泣的理由，更不会否定《马太福音》中这几段话的意义。因此，要明白奥古斯丁为什么转变了态度，就必须清楚，他当初为什么要让自己抑制住泪水。

和这次葬礼相呼应，《忏悔录》第四卷还写过另外一个对奥古斯丁影响深远的葬礼，那就是他的一个无名朋友的葬礼。死亡的那次不

尘世的惶恐与安慰
Agonies and Consolations in This Life

期而遇给奥古斯丁带来了非常不同的思想斗争。

当时尚未皈依大公教会的奥古斯丁曾经说服这位朋友放弃大公教,加入了摩尼教。那位朋友得病之后,他的家人让他在休克状态下重新受洗,成为大公教徒,而在当时的奥古斯丁看来,这纯粹是荒唐不经的游戏。于是,奥古斯丁在朋友醒来之后,取笑他无意中所接受的这次洗礼,谁知却遭到了朋友的严厉呵斥。奥古斯丁并不认为那朋友真的改变了想法,于是希望在他彻底病愈之后,再和他谈起此事,一同取笑。谁知,那位朋友竟然一病不起,很快就辞世了。

这个朋友的死给奥古斯丁带来了巨大的痛苦和困惑。使他最难以索解的并不是为什么朋友突然对基督教那么认真了,而是再也没有机会和朋友解决那个问题了。生命就这么消失了,友谊就这么中断了,人间的温暖就这么化作了烟雾。奥古斯丁无法接受这种厄运,无法面对这种生离死别。死亡,一下子使奥古斯丁陷入了前所未有的焦虑当中。他说:

> 这时我的心被极大的痛苦所笼罩,成为一片黑暗!我眼中只看见死亡。我的家乡成为我的一种折磨,我父亲的家变得陌生而凄凉;过去我和他共有的一切,这时都变成一种可怕的痛苦。我的眼睛到处找他,但到处找不到他。我憎恨一切,因为一切没有他;再也不能像他生前小别回来时,一切在对我说:"瞧,他回来了!"我成为我自己的一个大问题,我问我的灵魂,你为何

> 如此悲伤,为何如此扰乱我?我的灵魂不知道怎样答复我……为我,只有眼泪是甜蜜的,眼泪替代了我的朋友,成为我灵魂的所爱。(《忏悔录》,4:4〔9〕)

无疑,在皈依后的奥古斯丁看来,他当时这种疯狂的痛苦是不成熟的和非理性的,既不能和他后来对痛苦的压抑相比,更不同于他安静的泪水。然而正是这种不成熟和非理性的哀号,使他获得了思考的动力。他深切地感受到,朋友就是另外一个自我,就是灵魂的一半。[1] 朋友的死,就如同把灵魂切割了一半,使剩下的那一半茫然若失、无所适从,还要想办法包扎自己血淋淋的伤口。这件事把奥古斯丁抛入了巨大的深渊之中,他先是觉得自己从小生活的整个塔加斯特城变成了一种折磨,随即又觉得养育自己的父母之家变得陌生和凄凉,最后甚至觉得自己都成了一个无法忍受的陌生人。他逃出了塔加斯特城,逃出了父母的家庭,但他能逃出自己吗?

奥古斯丁虽然到了迦太基,也已经远离了自己的父母,但"自我"却紧紧跟随着他,逼着他不得不思考"自我"的意义。于是,丧友的问题转化成了自我之爱和幸福的问题。如果单从自我出发,友爱,或

---

[1] 虽然奥古斯丁晚年在《回顾》中谈到,自己关于灵魂的一半的说法,是极为幼稚的,但我们还是认为,对于写《忏悔录》的奥古斯丁而言,这种说法仍然是非常重要的。

尘世的惶恐与安慰
Agonies and Consolations in This Life

者任何一种人与人之间的爱[1],是自我的一种满足,也就是实现自我幸福的一条途径。那么,为什么对朋友的爱这种美好的感情,不仅不能带来自我的愉悦和幸福,到头来反而会导致极度的悲伤和痛苦,以致灵魂如同被切割,自我都与自我疏离呢?对这个问题的回答和克服,直接呼应着后来奥古斯丁在莫尼卡葬礼上的态度。

经过很长时间的痛苦思考后,奥古斯丁意识到:"何以这悲痛能轻易地深入我的内心呢?原因是由于我爱上一个要死亡的人,好像他不会死亡一样,这是把我的灵魂洒在了沙滩上。"(《忏悔录》,4:8〔13〕)在失去了一个朋友之后,他试图通过和更多的朋友交往来取代死去的朋友,从而彻底打消心中的痛苦;但他后来明白了,所有这一切仍然是在用必朽之人来取代上帝。而所有这些必朽之人终究会丧失,这友爱就注定是不可能持久的,因而这种友爱从根本上就成了一个童话和谎言。那么,要实现真正的友爱,并让自己在这友爱中得到真正的幸福,就不能爱那些必死的人或物,而只能爱永远不会失去的上帝。人如果爱的是永远不死的上帝,哪怕是在最孤独的时候,他也"不会失去自己的亲人;因为所有的亲人都在那永不会失去的一个中"(《忏悔录》,4:9〔14〕)。如此看来,奥古斯丁对自己的悲痛的诊断

---

[1] 若从文中来理解,友爱与孝顺是属于不同的伦理关系的;但在奥古斯丁那里,友爱(amicitia)就是爱(amor)的一个抽象名词,因此,任何一种"爱"的关系都可以称为"友爱"(amicitia)。因此,奥古斯丁并没有严格区分对朋友的爱和对母亲的爱。这些是中国读者当注意的。

似乎就是，如果爱一个凡人，而不是上帝，那就是错误的，不论所爱的是自己、朋友，还是母亲。连对自我的爱，都成了一个问题。《忏悔录》中的一个著名论断是，要找回真正的自我，必须通过抛弃自我，即找到上帝这个比自我更深更高的自我。由此，我们似乎就可以理解，奥古斯丁在母亲去世的时候，为什么如此努力抑制住自己的眼泪，并且把这当成人类的软弱的表现。那么，在两次葬礼之间，奥古斯丁似乎认识到，只有上帝才是真正该爱的对象，因而在两次葬礼上会表现出完全不同的态度。若是如此，奥古斯丁后来为什么又改变了态度呢？

三 邻人之爱

爱是奥古斯丁思想中极为核心的概念，这早已成为奥古斯丁研究界的共识。吉尔松的经典说法至今仍是对这一问题的最好概括：所有的性情都来自于爱，所有的德性也都来自于爱。人的愤怒、同情、恐惧、欲望都来自于爱，如果所爱的对象是好的，那么因为这爱而产生的性情，也就是好的，反之就是坏的。至于德性，则智慧是爱明智地区分什么帮助还是阻挠自己，正义就是爱服务于所爱的对象并控制其他的一切，勇敢就是为了所爱之物而承担一切，节制就是全心全意服

尘世的惶恐与安慰
Agonies and Consolations in This Life

务于所爱的对象。[1]正是在这个意义上,奥古斯丁才会说,爱就是人的重量,正像石头往哪里滚动取决于它的重量一样,人往哪里去也取决于他的爱(《忏悔录》,13:9〔10〕)。谁如果爱上了错误的对象,那就必然会跌入深渊;只有爱上唯一应该爱的上帝,这爱才会带着人升向真正的幸福。正是这一观念,使奥古斯丁不仅否定了对任何凡人的爱,甚至否定了对上帝之外任何事物的爱。

如果我们从这样一个解释来看奥古斯丁对莫尼卡的态度,那就必须认为,奥古斯丁不仅否定了葬礼上悲痛的必要性,而且否定了对任何人的爱,当然也否定了对母亲的爱。换言之,奥古斯丁皈依基督教和认识上帝的过程,就是变得愈来愈冷酷的过程。这倒是似乎更接近耶稣在《马太福音》中所说的那两段话,但与奥古斯丁的经历不相吻合,而且与耶稣明确说过的"爱邻人"的诫命相冲突。如此看来,我们不仅不能简单理解奥古斯丁对人间之爱的否定,更不能认为耶稣真的彻底否定了孝悌之道,毕竟,对孝顺的肯定仍然充满了福音书和使徒书信。于是,现在的问题就变成了:在否定了对凡人之爱的价值的同时,奥古斯丁又是如何肯定了对邻人、朋友、亲人的爱?

当然,若是一味强调奥古斯丁对人间之爱的否定,确实也冒着相当大的夸张之嫌。他只是把人间之爱相对化,而把对上帝的爱绝对

---

[1] Etienne Gilson,《圣奥古斯丁的基督教哲学》(*The Christian Philosophy of Saint Augustine*, translated by L. E. M. Lynch, New York: Vintage Books, 1960), pp.134-136.

化。早年的奥古斯丁对死去的朋友的爱之所以是错误的，并不是因为他不该爱那个朋友，而是因为他不该像爱上帝那样爱那个朋友，即把朋友当做绝对的目的来爱。只有上帝可以享受人毫无保留的爱，而所有天使、所有人，乃至所有好的被造物，并不是不应该被爱，而是不应该成为人的意志指向的终极对象，即，不应该成为爱的最终目的。对所有这些被造物的爱，只有相对的意义。这样看来，我们似乎还是可以为人间之爱正名，只不过，这爱的价值要打些折扣。

不过，这并没有使问题得到真正的解决，反而带来了进一步的困难。而汉娜·阿伦特的博士论文《爱与圣奥古斯丁》所面对的，正是这个困难。我们前面所谓绝对的爱，就是以爱的对象为目的的爱，奥古斯丁称之为"安享"（*frui*），安享的对象可以给人带来快乐；与安享相对的，即那种相对的爱，奥古斯丁称之为"利用"（*uti*），就是不以爱的对象为目的，而以更重要的东西为目的的爱，利用的对象本身不能给人带来快乐，而只能有限地帮助人们获得真正的快乐。显然，按照前面的看法，既然对被造物的爱都是相对的，只有对造物主的爱才是绝对的，那么就只有造物主能成为安享的对象，而一切被造物都会成为利用的对象。[1]

怎么？难道要把邻人、朋友，甚至亲人当做利用的对象吗？难

---

[1] Hannah Arendt,《爱与圣奥古斯丁》(*Love and Saint Augustine*, Chicago: The University of Chicago Press, 1996), p. 32.

尘世的惶恐与安慰
Agonies and Consolations in This Life

道要爱别人仅仅是为了自己的利益？哪怕是一个神圣的利益，这样对待别人仍然是太自私，太不符合耶稣把爱邻人与爱上帝两条诫命相并列的精神了。更何况，奥古斯丁自己也曾谈到，他对朋友们的爱，完全是出于朋友们自身的目的（如《忏悔录》，6:16〔26〕）。他怎么可能接受那种把他人仅仅当成利用的工具的说法呢？这个解释是无法成立的。

既然只有上帝才能成为安享的对象，那又怎么可能不这样解释呢？这个矛盾，并不是只有阿伦特才看到了。吉尔松也曾经以不同的方式提出过类似的问题：既然每个人的爱都是为了自己的好，那他怎么可能同时为了别人的好而爱别人呢，即，怎么可能为了他人的目的而爱他人呢？他给出的解决方式是：对自己的爱未必和对他人的爱矛盾。一个人在爱他人的时候，未必就不爱自己了。

> 全心爱另一个人，并不意味着弃绝或牺牲自己；这只是意味着，像爱自己那样爱另外一个，其基础是完全的平等。我所爱的人和我是平等的，我和我所爱的人也是平等的。因此，我会爱人如己，正如上帝命令的那样。[1]

吉尔松从爱人如己的角度考虑问题，确实能够把我们对奥古斯

---

[1] E. Gilson,《圣奥古斯丁的基督教哲学》，前揭，第137页。

丁对爱的思考深入一步，但似乎仍然没有解决最根本的问题，因为奥古斯丁讲，即使对自己这个被造物的爱，也要附属于对上帝的爱，这就是为什么在整部《忏悔录》中，对自我的追问和收束，变成了对上帝的追问和忏悔。只有通过对现在这个我的否定和抛弃，才能真正找回最本己的我。如果连对自我都是这样，那又怎能仅仅满足于把别人当做另一个自我来看待呢？何况，奥古斯丁在说朋友就是另一个自我时，他并没有减轻丧友之后的痛苦。可见，吉尔松的方式，并不能从根本上解决如何为了邻人爱邻人的问题。

阿伦特在谈到这个问题之后，并没有像吉尔松那样，马上给出一个解决方案，而是将问题岔开来，转而讨论时间这个玄而又玄的问题，似乎只有在把这个更大的哲学问题解决了之后，才可能回过头来重新谈爱邻人的问题。阿伦特的这一思路给了我们一个很重要的提示：要从根本上理解这种伦理问题，也许必须深入到宇宙论这种更大的哲学问题。或许正是因为这个原因，奥古斯丁自己也在生动地讲完了他的故事之后，转而给出了关于记忆、时间、创造的理论思考。毕竟，爱的根据并不只是在人身上。连对自我的理解都必须诉诸对上帝和宇宙的追问，更何况对人与人关系的诠释了。阿伦特指出："只有把快乐和对它的满足投射到绝对的未来，意识到当下无法实现完满，才能把他再带回到如何在此世生存这样一个现实问题中来。"[1] 只有在

---

[1] H. Arendt,《爱与圣奥古斯丁》，前揭，第 41 页。

理解了绝对的未来和绝对的过去之后,如何面对生活在我旁边的另外一个理性动物,才会清晰起来。只有在那时候,人们才会明白,他人既不能像上帝那样成为安享的对象,也不能像工具那样成为利用的对象,而吉尔松所谓的爱人如己的含义,才会显示出来,人与人之间其他更复杂的伦理关系,也同样会有所依据。

四 聆听天籁

其实,奥古斯丁不仅在叙述完了奥斯蒂亚的故事之后转向了对记忆和时间的讨论,就是在奥斯蒂亚的时候,他也曾经将笔触伸向更辽远的宇宙。在那个著名的奥斯蒂亚异象里,奥古斯丁早已给出了困扰我们的这个问题的全部答案。

《忏悔录》卷九的第十章,应当是西方文明史上一颗璀璨的明珠。其中表达的哲学思想是如此深邃,却毫无生涩滞塞之感;其中的语言是如此华丽典雅,却毫无轻浮溢美之嫌;奥古斯丁与莫尼卡母子之间是如此亲密无间,却没有一丝尘世的烦闷之气。其中尤为著名的第25节整个一段是一句话,只有一个句号,但读起来极为顺畅清晰,就如同一首诗一样。母子二人如此平静地面对莫尼卡的死亡,共同享受着一个神圣的美丽时刻;二人的哲学思考之所以化为这样如诗的文字,正是因为他们正在共同聆听无比美妙的天籁。

当时，母子在台伯河口一个小楼上歇息，从窗口可俯视一个小小的花园。他们刚刚经过一路奔波的劳苦，而今远离尘嚣，虽然周围的罗马正面临内战的威胁，但在他们这里，似乎一切都安静了下来。母亲莫尼卡经过了操劳的一生，奥古斯丁则刚刚脱离痛苦的精神挣扎；更重要的是，母子之间已经没有了任何芥蒂，莫尼卡不再为儿子能否皈依正道而哭泣，奥古斯丁也不再为辜负母亲而自责。而今，他们之间是极为平静的交谈，是任何亲密的母子之间都会发生的那种，应该没有什么明确的主题，没有什么特别的用意，是散漫的闲聊。不久之前，在加西齐亚根的别墅里，奥古斯丁与一些朋友们刚刚举行了一次漫长的哲学讨论，奥古斯丁的对话《驳学园派》《论美好生活》《论秩序》《独语录》等就是这次讨论的产物。莫尼卡也参与了这些讨论，出现在其中的一些对话里面。对于莫尼卡这虔诚但不识字的基督徒妇女来说，那种哲学性的讨论虽然有益，但一定是有些单调和过于高深了，所以她在许多地方并不能跟上讨论的进程。但现在这次，一定不是那样的讨论。

当然，就是在这散漫的聊天之中，身为基督徒的他们还是会触及一些神秘的宗教话题，比如，人死后到底会去哪里？末日审判到底会怎么进行？他们在那个时候到底会是什么样子？由于莫尼卡即将离别人世，他们的这种谈话就如同在设想，此次分手之后，下次见面应该在哪里，将是怎样的一幅情景。而据说下次见面的状况，又是任何人都没有亲眼见过、亲耳听过的。

尘世的惶恐与安慰
Agonies and Consolations in This Life

聆听无比美妙的天籁。（谢弗尔作品）

两个人偶尔触及这个问题之后，都陷入了对末日之时永恒生命的憧憬当中，张开了渴求的心灵，贪婪地吸吮着想象和交谈所能达到的一切，这使他们变得兴奋起来，忘记了身上的疲惫，仿佛又回到了加西齐亚根的热烈讨论之中，只是比那次更自然，比那次更亲切，不知不觉中，讨论得也就比那次更深入。倏忽之间，他们共同进入了一种极为奇妙的境界，好像被自己的讨论托了起来，慢慢升入云端。交谈的言语如同母子二人的翅膀，轻轻扇动着，使他们慢慢掠过了大地，掠过了身边的一切事物，或是使这些事物都改变了形状，从那表面的样子透露出内在的品质来。于是他们不断慢慢地上升，越过了天空，看到了太阳、月亮、群星。再往上，他们一起进入的就是内心世界了。

　　我们已经说了，他们现在是闲聊，不是在讨论。他们的闲聊中一定谈到了很多共同的经历，谈到了很多家常话题，谈到了许多做人的道理。而今，谈话的翅膀把这些话题也都改变了。那些平常得不能再平常的词语和事件，都变得极为高妙，似乎远在日月列星之上，以致他们在天上又遇见了这些。于是，他们极为快乐地继续交谈着，再一遍一遍咀嚼着生活的滋味和回忆的快乐。虽然他们变得兴奋起来，但谈话仍然是极为散漫和随意地进行着，言辞的翅膀仍然在轻轻慢慢地扇动着。他们就又从那日常的话题往上升，渐渐升上了更高的智慧，好像就在那里进入了世界的中心、宇宙的中心，而他们，也更加紧密地相互依靠在彼此心灵的中心。一切似乎都是从这个中心来的，世界

尘世的惶恐与安慰
Agonies and Consolations in This Life

万物应该就是在这个地方创造的，因为他们所经过的一切都指向这个地方，不仅在空间上如此，在时间上更是如此。在那里，好像所有的过去、未来都不复存在了，他们好像就住在一个永恒的当下，但他们又好像通过对往事的回忆回到了过去的起点，仿佛随着对未来的憧憬来到了时间的尽头。这个永恒的当下，并不是一个凝固的时间点，而是包含着一切过去、现在、未来的永恒流动，但又无物流动。

而时间的流动，仿佛就是自己生命的流动，他们似乎能够感受到自己的心灵在时间当中延展，仿佛看到日月在自己的心灵中慢慢游动，而这游动似乎又带着奇妙的声响。那声响是平时闻所未闻的，既不是身体的躁动，也不是地火水气的迁移；既不是天体运行、雷电嘶鸣的声音，也不是心灵自身的声音；既不是自己的言语和幻想的声音，也不是入睡梦醒的声音；既不是万国的言语发出的声音，也不是任何飞禽走兽的吼叫。之所以说不是所有这些，恰恰是因为听到了所有这些。不仅天地万物都在奏响，心灵中的一切机能也都在吟唱，梦境在低语，幻想在高鸣，记忆在呜咽，思索在呢喃，友爱也在悄悄地张开羽翼。所有这些声音叠加在一起，并没有形成什么噪声，而是组成了一曲无比美妙的宇宙交响乐。

在莫尼卡和奥古斯丁看来，这首交响乐已经不再是其中任何一个的声音，因为它使二人听到了完全不同于任何世上声音的音乐。这音乐本来是不可听的，因为它并不等于所有这些声音的总和；但是这首交响乐恰恰向他们传达了它背后的音乐。当他们通过这交响乐听懂了那背后的声音时，组成交响乐的一切声音仿佛都停止了，他们听到的却是最简单的言语，是最高的智慧，是真正的永恒。音乐必须在不断流淌的时间中演奏；在永恒中是不可能有声音，因而也不可能有言辞和音乐的。但是，这永恒并不是凝固的死亡，而是生命的永恒，其中包含着一切过去、现在、未来。所以，他们完全有可能通过时间的流转，通过这宏伟的交响乐，去聆听那没有声音的音乐，那没有言辞的大言。他们就把这音乐或言语称为"圣言"。

在整个过程中，莫尼卡和奥古斯丁都没有中断谈话，没有忘记向对方提问和倾听对方的回答，因为正是这言辞把他们带入了那个境界。他们只是在听对方的语言吗？不，他们清晰地听到了天地宇宙的和声，听到了圣言的永恒旋律；但是，他们不是明明在听对方的话语吗？不是明明是儿子在听着母亲的絮叨，母亲在听着儿子的提问吗？是啊，除了亲人的声音，他们应该什么都没有听到。

这样一个神圣的时刻之所以如此美好，究竟是因为这两个基督徒听到了上帝的神秘召唤，还是因为它最好地表达了母子二人之间的亲情呢？奥斯蒂亚异象的哲学和宗教意义，经常被诠释成前者，但这一段最使我感动的，却是后者。大概谁都清楚，这两者当然同时表达了出来，所以才使这一段既有极深的宗教内涵，又使其中的神学命题显得那么亲切，从而让非基督教徒也不得不沉醉在奥斯蒂亚的神圣光环之中。在我看来，理解这一段最根本的问题，在于奥古斯丁如何以这样的宗教方式，与母亲进入了如此超绝的神圣时刻。换言之，亲亲之情，如何在本来不仅不注重，甚至还颇为否定自然亲情的基督教之中，获得了这样一个美丽的表达方式？在奥斯蒂亚的这首宇宙交响乐之中，母子二人究竟扮演了什么样的角色，获得了怎样的享受？

五　大音希声

在奥斯蒂亚的时候，奥古斯丁已经开始了他漫长的思想历程，并有几篇简短的哲学对话问世。在387年，也就是莫尼卡去世前不久，奥古斯丁的《论音乐》已经完成了前五卷，不过这是相当技术化的五卷，非常难读，连奥古斯丁自己都不太满意。而他后来更看重的第六卷，据说是在391或392年才最后完成的。我们可以想见，在奥斯蒂亚那个奇妙的时刻，奥古斯丁确实正在思考关于音乐的问题。

奥古斯丁之所以要写一本关于音乐的书，是因为他本来要就各种博雅技艺都写一本，但结果只写了这么一本。不管他当时的动机是什么，有一点我们是可以肯定的，即，奥古斯丁对于《论音乐》，绝不仅仅是把它当做消遣娱乐的闲笔写的。而它对后世的影响，也绝不仅仅在于确立了一些关于西方音乐的基本理论而已。最重要的是，他通过音乐，把人心的结构与基督教的宇宙结构很好地勾连了起来，从而以一种独特的方式表达了人性与自然秩序的关系。

奥古斯丁继承了希腊以来的传统，把音乐定义为"恰当调适的科学",并把它当做数学的一种(另外三种分别是算术、几何、天文),是对身心的度量。奥古斯丁认为,灵魂一定是高于物质的,因此,人在灵魂中感到的声音,不可能是从外部印上的,因为那样将使灵魂成为被动的。凡是持续一段的声音,在奥古斯丁看来,一定是人的灵魂在接受了外部刺激之后,主动形成的。如果人只能被动地接受外部的声音,那随时都只能感到当下的一个声音点,因为只有这个点是当下正在发生的;只有靠记忆的力量,人才能留住对已经过去的声音的感觉,从而形成一个连续的音节(《论音乐》,6:12〔35〕)。这样,在听的过程中,感觉的数字高于外在物体的数字,而记忆的数字又高于感觉的数字,在这之上又有判断的数字。[1]

判断力量是灵魂的理性功能,而判断声音的依据不过是相等与和谐。判断虽然来自人的最高能力,但本身是不可能完美的。比如,对于连续响一天或更长的音节,人们就无法判断是否和谐,更无法欣赏这样的音节组成的音乐。那么,人的理性判断能力,一定不是来自人类自身,而要遵从一个更高的数字,从那里获得其判断的依据。

这判断的最终依据,就是永恒的相等与和谐:

---

[1] 参考 Catherine Pickstock,《奥古斯丁之后的灵魂、城邦、宇宙》("Soul, City and Cosmos after Augustine"),见 John Milbank, Catherine Pickstock, and Graham Ward edit, *Radical Orthodoxy*, London and New York: Routledge, 1999, pp. 243-277。

> 在那里没有时间,因为没有变化,在那里,时间被创造、安排、改变。当诸天转回相等的状态,各个天体回到同样的地方,每天、每月、每年、每世纪,以及星座运行的其他时间,都遵守相等、合一、有序的法。(《论音乐》,6:11〔29〕)

声音之为声音,是因为发生在时间里,在变动中形成旋律。但是,这旋律的最终依据,却是没有时间的永恒相等。只有在那没有变化、没有时间的地方,才是一切音乐的最终依据。而整个宇宙都是由永恒不变的上帝创造的,也是一个和谐的整体,或者说,是一首最宏伟和谐的交响乐。但宇宙这曲交响乐的美,人是无法衡量、无法判断的,因为它远远超出了人的判断能力。在这个宇宙体系之中,人被安置在某个角落,并不知道自己在这个体系中的位置,甚至会觉得这个体系中的一些地方是丑的。这就如同待在一座宏伟建筑的小角落中的雕像,如果它有知觉的话,它也不可能知道整个建筑有多美;又如同长长的战线上的一个士兵,无法了解整个战局是怎样的。(《论音乐》,6:11〔30〕)

这样,人间的所有音乐,不过是对永恒音乐的摹仿;而世间万物,都是宇宙这一宏大交响乐的组成部分。每个被造物的生命过程,就是组成这首交响乐的一个旋律。这样我们就能理解了,为什么奥斯蒂亚那个场景中最重要的是声音与沉默,而为什么奥古斯丁在以莫尼卡之死结束了他的自传叙述后,要转入记忆和时间这样的哲学主题。

莫尼卡和奥古斯丁母子在奥斯蒂亚经历的那个过程，正是通过聆听万物的音响，慢慢理解音乐的真谛，从而顺着宇宙中各种各样的乐音，逐渐接近那没有任何声音、没有任何时间、没有任何变化的永恒音乐。

在奥古斯丁看来，凡是倾心美好事物的人们，总是在欣赏这样那样的音乐，而没有哪个人会主动追求不好。这样，所有人就都是在面对音乐。既然每个被造物无论做什么，都是在完成上帝的伟大计划中的一部分，都是宇宙交响乐的一个音符或一个旋律，那岂不是没有必要刻意去另外寻求什么吗？但奥古斯丁指出：保持秩序和被保持在秩序中，是两回事（*aliud enim est tenere ordinem, aliud ordine teneri*）。他的意思是，虽然每个人都被安置在这个宇宙交响乐的一个部分中，而且人无论怎样做都不会失去自己的这个位置，但并不是每个人都会得到幸福和救赎，因为幸福需要保持自己的秩序。人要获得救赎，就必须"保持秩序"，即不仅让自己成为宇宙大秩序中的一部分，而且要努力去理解和摹仿这个大秩序中的旋律。要做到这一点，首先就要爱上帝，因为上帝不仅高于自己，而且也高于任何被造物，包括自己所爱的朋友和亲人。根据上帝那里和谐、统一、有序的法，人也会以同样的方式来安排自己的生活，使品级较低的事物服从品级较高的事物，一切井然有序，就不会有任何噪声了。而若是把低级事物中的美好当成高级事物来看待，就如同在金子里掺杂了成色最好的银子，无论如何都是无序而杂乱的。奥古斯丁说，若是在被造物中不仅看出平等，甚

至还看出秩序，那这个人的灵魂就完全失去了自己的秩序。(《论音乐》，6:14〔46〕)

在尘世事物中摹仿最高的音乐，通过在这些事物中寻找秩序、奏出音乐来朝向上帝，这表面上并不复杂的说法，其实包含着看似矛盾的两个方面。一方面，不能以尘世之美为美；另一方面，又要在尘世之美中体会上帝的美。前者是对尘世之美的否定，后者却是对尘世之美的肯定。

就第一方面而言，奥古斯丁认为，不仅那些耽于肉欲、花天酒地的人是堕落的，就是那沉迷于琴棋书画，每天只想着怡情养性的人，也是被尘世较低的美好诱惑了。以身体健康为最终目的与以声色犬马为最终目的，在实质上是一样的；以贪婪地获取知识为最终归依，和流连于奇技淫巧也没有根本的不同。因为所有这些人都是把被造物中的好当成了最高的好，仍然是把上等的银子当成了金子。甚至于，那只想着人间的友谊和亲情的人，与荒淫无度的人都没有本质的区别，而只有程度的差异。这些人把所有的行为"都指向了和他因为自然纽带而有共同权利的邻人，也就是上帝命他像爱自己那样爱的邻人"(《论音乐》，6:14〔45〕)。虽然上帝命令人爱人如己，但谁若是把自己的爱全部集中在某个人身上，就像奥古斯丁当年对他的那个朋友那样，结果必将像他在失去了朋友之后那样，陷入无边的痛苦当中。

奥古斯丁之所以认为人间之爱是不完美的，还不仅仅是因为对必朽之人的爱是不完美的，会导致巨大的痛苦，而且这种爱和友谊都有可能导致更为严重的后果，甚至可能引诱人作恶。除了在《论音乐》中，他还在别处更具体地谈过这个问题。奥古斯丁在分析自己16岁偷梨事件的时候，曾经谈到，自己本来并不喜欢的梨子，他之所以去偷，完全是因为同伴们的引诱。正是害人不浅的友谊，成为他这次作恶的原因（《忏悔录》，2:9〔17〕）。在《上帝之城》中，奥古斯丁也把亚当对夏娃的爱归为他犯罪的主要原因：

> 我们也该相信，那个男人也是因为那女人，这一个是因为那一个，此人是因为彼人，夫是因为妻，才违背了上帝的法。男人并不相信女人说的是真的，但是这个团契使他必须如此。使徒的话没有错："不是亚当被引诱，乃是女人被引诱。"[1] 难道不是女人把蛇的话当真了，而他不愿意与这唯一的伴侣分开，宁可一起犯罪？但这不会使他的罪更轻，因为他明知故犯。（《上帝之城》，14:11.2）

显然，亚当就是奥古斯丁所说的那种，过于执著地爱一个凡人，从而使一切行为都以她为出发点的一个例证。亚当的罪是人类所有罪恶的起源，而在这原罪当中，爱就起到了非常大的作用，可见错误的

---

[1] 《提摩太前书》2:14；《哥林多后书》11:3。

邻人之爱会带来多么严重的后果了。

既然如此,爱人如己这条诫命不是没有意义了吗?但奥古斯丁马上在《论音乐》的下一段里说:"上帝命令我们爱邻人,这是使我们亲近上帝的最确定的阶梯,使我们不仅被保持在他的秩序里,而且能够牢固而确定地保持自己的秩序。"(《论音乐》,6:14〔46〕)在奥古斯丁看来,要真正亲近上帝,最好的办法似乎并不是每天念叨着上帝的名,除此之外什么事情都不管。恰恰相反,正是通过爱邻人这个最确定的阶梯,每个人才有可能真正亲近上帝。

奥古斯丁在前一段里还要求人们不能过于执著地爱自己的邻人,但在随后的一段就马上说,要通过爱邻人这个最确定的阶梯,来实现对上帝的亲近。这矛盾的两个方面怎么可能统一起来呢?据说,前面一种爱是爱万物自身的美,但后面一种爱难道不也是针对邻人自身的爱吗?后面一种爱是在被造物中发现真正的秩序和美好,但前面一种爱不也是对被造物中的秩序和美好的凝视吗?这两者真的有什么区别吗?在这个看似矛盾的地方,我们可以发现奥古斯丁思想中极为微妙的部分,因而可以窥见他最终为莫尼卡哭泣的真正原因。

奥古斯丁指出:"在我们这受罚的必朽性中所产生的任何数字,我们都不能认为不是上帝的神意所造的,因为它们每一种都是美好的。我们要爱它们,但不能由此变得安享它们。"(《论音乐》,6:11〔46〕)在上帝和被造物之间,存在着并不容易理解的关系。人不可能直接认识上帝,而必须通过被造物来认识他;越是能看出被造物的美好，就越有可能理解其制造者的至善。谁若是自称热爱上帝，却不爱上帝所造的世界，那种爱其实是单薄空洞的。但反过来，若是过于爱这个世界，过分沉浸于它的美好，以致忘记了这美好是上帝所造的，那就犯了大罪。换言之，要好好地利用世界，但是不能安享世界。但这所谓的利用，却又不是简单地当成工具来用，否则就会陷入我们前面所说的那种以人为手段而不是目的的境地。其实不仅对于人是这样，对于一切被造物，其利用都不是一种实用主义的态度，而是欣赏地使用。

对上帝的爱和对被造物的爱，是不同层次上的，而不是非此即彼的爱。即，不能简单地比附为对恋人的爱，要爱一个，就不能爱另一个。而那种为了爱被造物的美好就忘记了造物主的爱，所遵循的逻辑，正是这种排他式的爱。但奥古斯丁所提倡的，乃是在爱被造物的同时，想着上帝，即越是看出被造物身上的美好，越是能体验到上帝的至善；越是充满对造物主的热爱，越是爱他所造的这个世界，也就是保罗的名言所说的："自从造天地以来，神的永能和神性是明明可知的，虽是眼不能见，但借着所造之物，就可以晓得，叫人无可推诿。"（《罗马书》1:20）这就如同喜欢一件艺术品，不应该因为太喜欢它而不喜欢制造它的作者和这门艺术；而恰恰是越喜欢这件艺术品，就越喜欢那个工匠。如果回到音乐上面来讲，则是不应该因为喜欢某个旋律，而不喜欢整部音乐作品，更不能因为喜欢这部音乐作品，而不喜欢音乐这门艺术，以及上帝这个伟大的作曲家；反而是越喜欢某部音乐作品，越喜欢其背后的音乐理念和音乐这门艺术。反过来，如果没有听过一个音乐家的作品，不懂得欣赏他的作品，又怎么谈得上喜欢这个音乐家呢？

上帝与被造物之间，正是音乐家与作品之间的关系；而伟大宇宙与其中每个被造物之间，则是一首庞大的交响乐与其中各个乐器、各个旋律之间的关系。每个个体的生命分别形成了一个旋律，万物则共同构成了世间最伟大的交响乐。[1]

四方上下曰宇，往古来今曰宙。构成宇宙的，并不只是万物之间的空间关联，而且有一个时间维度，并且对奥古斯丁来说，时间维度是高于空间维度的。比如一棵树，最重要的不是它占据空间的大小，而是它从一粒不起眼的种子逐渐长成参天大树的生命过程。一切生命来自四大元素，四大元素又遵循基本的数学规律，是从无中生有的。任何一个占据空间的物体，在数学上都起源于一个没有体积也没有面积的点；这个并不真正存在的点的延长，又形成了只有长度、没有宽度的线；线的拉开会形成只有面积、没有高度的面；只有在面再拉开之后，才形成有体积的物体。任何物体都可以还原为一个不可能占据空间的点。这既体现着无中生有的创造，又体现着时间先于空间的原则；而这里面所体现的数学规律，则在时间中形成了音乐的抑扬顿

---

[1] Catherine Pickstock,《奥古斯丁之后的灵魂、城邦、宇宙》，前揭，第249—250页。

挫。(《论音乐》,6:17〔57〕)

而这种在时间中证成自身的被造物,其一切数学规律都来自上帝那里的最终标准。只有上帝不在时间之中,是永恒的;而一切时间都来自于他。永恒是什么意思呢?永恒并不是时间的无限延长,不是一般的长生不老,而是一个永恒的现在。对于人来说,现在虽然是最真实的,但也是最无法把捉的。现在是由未来流过来的,但又马上变为过去。它就像数学中的点一样,是最关键的,但又几乎等于不存在。所以在亚里士多德的时间观里,现在只是被当成了过去与未来的临界点,而不被当成一个实体。奥古斯丁把这个点实在化了,认为只有现在是真实的。他说,对于上帝而言,没有过去,没有未来,而是只有永恒的当下,永远是现在(《忏悔录》,11:31〔41〕)。

从这个永恒的现在中,生发出了一切的时间、一切的旋律。万物都要朝向上帝。但万物如何朝向他,怎样接近他呢?是不是活得时间更长的人,就更接近永恒呢?奥古斯丁后来在《上帝之城》中指出,在这个问题上,长寿的人虽然活得时间更长些,但并不比活得短的人更接近永恒。寿命长短与永恒无关。就如同赛跑一样,寿命长的人只不过多跑了一段,但跑的速度并没有加快,时间对于他们而言是完全一样的(《上帝之城》,13:10)。反过来,人也不可能否定自己的时间性,去摹仿上帝的永恒,因为这根本不在人的能力之中。人既然已经必须在时间之中生活,那就不可能随意脱离时间,变成像上帝那样永恒。人要虔诚地朝向上帝,就只能在时间之中完成他应该完成的,而

尘世的惶恐与安慰
Agonies and Consolations in This Life

不能妄想超越时间。正如音乐最终的标准其实是无声的，没有时间的流动，但人必须在时间之中摹仿这种大音希声，所以必须在声音的流动之中，体会数字之相等、合一、秩序的规律，然后创作出婉转动听的音乐。在《忏悔录》中，奥古斯丁把人在时间中的状态分为"延展"（distentio）和"伸展"（extentio）。人的心灵的延展，形成了过去、现在、未来的区分，使人支离放失，陷入无序混乱的状态之中（《忏悔录》，11:26〔33〕）；为了收束自己的支离状态，使自己虔诚地系心于上帝，就必须伸展自己，只有通过瞻望未来和回忆过去，才能够使自己与上帝合一（《忏悔录》，11:29〔39〕）。正如阿伦特指出的，绝对的过去、绝对的未来、绝对的现在其实都是一样的，时间的终极点都是合一的。[1] 因此，要真正克服自己在时间中的分离，反而要在时间中充分展开，穷尽时间之流的各种可能性，在时间中体会永恒。换言之，只有充分认识被造物的美好，才能克服被造物的诱惑；要想不因为爱一个必朽的人而丧失永恒，唯一的办法就是更深地去爱他，在这种爱之中找到真正能克服必朽的不朽，因为真正的不朽就在必朽当中。奥古斯丁和莫尼卡之所以能在奥斯蒂亚体会到那么奇妙的感觉，并不是因为他们抛弃了被造物，而恰恰是因为他们深深地品味着被造物的美好，并通过它们认识它们背后的造物主，通过那些优美的旋律体会本来无声的圣言。

---

[1]　H. Arendt,《爱与圣奥古斯丁》，前揭，第49页。

因此，人完全有可能像吉尔松所说的那样，既把邻人当做目的而不是手段去爱，又在爱他的同时不忘记对上帝的爱。但阿伦特所谓的，把邻人当做目的来爱，只能从上帝的角度来反观[1]，讲得就未必那么真切了。奥古斯丁在《论音乐》中非常明确地指出，为什么不能把人当工具使用。他说，由于人最精华的部分是灵魂，而不是身体，那么，人和人之间的根本关系就应该是灵魂与灵魂之间的关系，而不是身体和身体之间的关系。既然如此，人在面对别人的时候，重要的就是要把别人的灵魂当做灵魂来看待，而不能当做低于灵魂的物质。若是仅把人当工具来使用，那就是把灵魂当成了物质来使用，违背了被造物中最基本的秩序，因而也就无法达成应有的秩序与和谐。这就仿佛是把别人当成乐器，来演奏自己的音乐，那就没有把别人放在他应该在的位置上。而人要真正在与他人的关系之中奏乐，就要清楚人的灵魂在宇宙秩序中应该在的位置，并尊重和实现上帝创造的这一秩序。要做到这一点，只能靠关切人的灵魂（《论音乐》，6:13〔42〕）。关切他人的灵魂，恰恰是在尊重上帝创造的宇宙秩序，因而也就在依循宇宙这首交响乐的基本旋律。

不过，这似乎还是没有回答，我为什么一定要和别人一起来演奏人生这首乐曲，为什么爱邻人才是对神圣音乐的最佳摹仿。纵然人不应该冷酷地把别人当做工具来使用，难道人不能彻底离群索居，与

---

[1] H. Arendt,《爱与圣奥古斯丁》，前揭，第93页。

他人不发生任何关系，而只在与自然界乃至纯粹自我的关系中，慢慢体会上帝的永恒旋律吗？奥古斯丁只要不伤害他的母亲不就够了吗？为什么一定要陷入悲悲切切的哭泣之中呢？要进一步理解这个问题，我们需要知道，奥古斯丁除了把生活当做一首乐曲之外，还把它当成了一场试探。虽然这一说法表面上是在否定尘世的价值，但恰恰是这种否定所揭示的人的生存状态，反而能帮我们更深地体会生活的积极意义。

六　生活是一场试探

基督教把上帝当成了绝对的标准，其他万物的价值都相对化了。但当这个体系在奥古斯丁手里成熟起来的时候，他却天才般地恢复了人间之爱的意义。不过，奥古斯丁毕竟不是阿奎那。在他这里，人间之爱即使得到再多的肯定，也只有相对的意义，而且随时可能被否定掉。正是因此，虽然奥古斯丁最后认可了自己应该为亡母哭泣，但他毕竟还是把这当成是人性的软弱之处。在明白了奥古斯丁如何肯定人间之爱之后，我们还是不要忘了他在这个问题上的保留态度，而要细细体会，他在绝对否定了人间万物的价值之后，又如何相对肯定了它们的意义，以及人应该怎样生活在这样的尘世之中。

奥古斯丁在《论音乐》中说，那些必朽之物的美好，就如同在遭遇洪水时抓住的一块木板,既不能当成负担抛弃掉,也不可能很牢地抓住它(《论音乐》,6:11〔46〕)。这句话就是在肯定邻人之爱的价值之前说的。这个比喻明确无误地透露出的无奈之感告诉我们,万物对于他的意义,显然并不都是奥斯蒂亚异象中的那样美好。此世的生活就如同无比凶险的洪水,人必须抓住点什么,才能不被吞没。世间万物就是这样的一块木板,能帮助人暂时保全性命。但是,这块木板自身也在随波逐流,漂浮不定,人不能把一切求生的希望都寄托在它上面,甚至未必就能真正抓住它。等到最终到达了岸边,还是应该把这块木板抛弃掉。

对于此世中的种种诱惑和苦难,奥古斯丁有着深刻的体会。这些不仅来自理论上的思考,而且来自他早年的亲身经历。年轻的奥古斯丁耽于肉体之欢,沉迷于罗马的竞技与戏剧,而且对于功名利禄也有着极大的野心。他做过的一些事情可以说极为冷酷无情。比如他很长时间内陷身于摩尼教的异端之中,却又并不能遵守摩尼教的清规戒律;他仅仅为了高攀一个门第显赫、但只有十几岁的女孩,竟然狠心抛弃了与他生活了十几年,还为他生过一个儿子的女人,而后者在离开他后终身未嫁;母亲莫尼卡为儿子的荒唐生活流干了眼泪,他却丝毫不知感恩,甚至在一个寒冷的深夜把慈母一人丢在迦太基岸边,自己乘船去了罗马,让莫尼卡在海边哀号不止。奥古斯丁可谓不智、不仁、不义、不孝。

即使在米兰花园里皈依之后,奥古斯丁虽然认为自己战胜了那些诱惑，不会再沉溺于那么荒唐邪恶的事情，但他还是深深地感到，眼耳鼻舌身五官所受到的诱惑是不可能杜绝的，人生在世仍然必须在这些诱惑中生活。于是，奥古斯丁引用七十子本圣经的《约伯记》说：

> "人生在世，岂不就是一场试探吗？"[1] 谁愿担受麻烦和艰难？你命我们承受它们，不命我们喜爱它们。一人能欢喜地忍受，但谁也不会喜爱所忍受的。即使因忍受而快乐，但能不需忍受则更好。在逆境中希望顺利，在顺境中担心厄逆。两者之间能有中间吗？能有不是试探的人生吗？（《忏悔录》，10:28〔39〕）

不仅他年轻时的沉沦是试探，而且在沉沦中使他警醒的友谊、爱情、母爱也是试探。就像不仅汹涌的洪水是试探，而且水面上漂来的木板也是试探。无论其中包含怎样的喜怒哀乐，都只能给他带来更多的担忧和烦恼。他必须随时与这些试探斗争，但又不可能脱离这些试探。正如海德格尔在解释这一段时所说的：

> 必须更尖锐地把握奥古斯丁在体验实在的生活时所置身的根本特点——试探——只有这样，我们才能理解，这样以圣徒的

---

[1] 《约伯记》7:1。

方式生活的人在多大范围内，以及在多大程度上，必然成为自己的负担。[1]

海德格尔所谓的此在的在世状态，受到了奥古斯丁极深的影响。奥古斯丁此处所说的"试探"，就是那种无时无刻不在烦恼和操心之中度过的人生状态。无论一般人眼里的顺逆成败，都伴随着很多不确定的因素，都会带来新的问题，进亦忧，退亦忧，使生活永远无法真正安定下来。

试探，乃是人生在世的基本存在状态，不会随着人间的兴衰浮沉、爱恨聚散而改变。无论奥古斯丁有没有莫尼卡这样的母亲，无论他是否曾与自己的情人恩怨缠绵，也无论作为修辞学教师的他是否经历过大起大落，甚至无论他是否皈依了大公教会，都不会改变这一点。这些事情的发生与否，只不过使试探以这种或那种不同的形式出现而已。试探的存在，在于人性中本质的弱点，在于人堕落之后的必然缺陷，也在于时间之中一定会出现的沧海桑田。

在奥古斯丁看来，上帝和人之间最根本的不同，是永恒与时间的差异。伊甸园中的堕落虽然是死亡和罪的根源，但这一看似偶然的事件只不过表达了哲学上的那种时间性差异而已。正如我们前面看到

---

[1] Martin Heidegger,《宗教生活的现象学》(*The Phenomenology of Religious Life*, Bloomington and Indianapolis: Indiana University Press, 2004), p. 152.

的，活得长的人并不比活得短的人更接近永恒，这还不只是因为活得长的人终究还是会死的。即使是生活在伊甸园中的人，虽然原则上他可以不死，但他的生命与永恒之间的差异，同一个必死之人与永恒之间的差异仍然是一样的。他的不死性丝毫没有使他接近永恒，因为时间在他这里仍然是在过去、现在、未来三个维度中流转。哪怕这种流转永不停歇，他也不是永恒的。因此，哪怕对于伊甸园中最幸福的初人来说，生活同样是一场试探，因为在这个过程中，仍然存在各种变化，仍然存在种种不确定性。蛇对亚当、夏娃的试探，只不过是所有这些必然发生的试探的一个集中体现而已。因此，"生活是一场试探"既然是人生在世的基本处境，就是人无法逃脱的。

如果说，皈依之前或皈依之时的奥古斯丁可能还妄想通过信仰的转换来逃脱人生这场试探，那么，在皈依之后，尤其是写《忏悔录》时的奥古斯丁，已经非常清楚这样做不仅是不可能的，而且是有问题的。也正是在这个时候，他才能真正以平和的态度生活。这种平和，意味着对日常琐事中的试探安之若素，同时也意味着静静地与人生困苦作不懈的斗争——真正地战胜试探不是徒劳地或自欺欺人地消除它，而是意识到它，并不断与它斗争。

这个时候，我们就可以把奥古斯丁对待生活的两种态度统一起来了。我们前面谈到的两种态度，一种是把生活当做一首乐曲，一种是把生活当做一场试探。它们看上去虽然非常不同，但两种态度都在强调，必朽之人与永恒的上帝之间既有绝对的距离，也有紧密的联系。

成熟的奥古斯丁的态度，可以概括为，通过把生活当做一首乐曲，来对抗生活这场试探。

把生活当做一场试探，是因为人的必然堕落；把生活当做一首乐曲，是因为人与上帝的关联。而这二者所体现的，根本上都是一种时间关系。人的堕落，是因为时间不是永恒；生活是音乐，是因为时间可以以永恒为绝对的参照系。但不论强调二者之间的同还是异，时间与永恒之间都不是量的差别，而是质的差别，即，永恒不是时间的无限延长，时间也不是永恒被截取了一段。

从这样的差异来思考，我们就会知道，不论对于多么虔诚的基督徒，永恒的上帝毕竟不是尘世生活的一个参与者。人们不可能像对待另外一个人那样去对待上帝，去建构与他的一层关系。虽然基督的道成肉身使上帝以一种奇妙的方式参与到人生之中，但对于每个个体而言，对上帝的种种思考仍然主要指向此世生活。这样说当然不是在否定基督教信仰的意义，最深刻的基督教思想家自己都不会过于拘执地看待生活与信仰的关系。我们在上面已经看到了，人要认识上帝，就必须通过对被造物的沉思，在人间生活中奏出朝向上帝的音乐。把人生看做一场试探，和把人生看成一首乐曲，是从完全相反的角度理解生活，但得出的结论并不是必然相反的。毋宁说，这是从两个侧面表达了在上帝关照之下的人生状态。

把生活作为一场试探，就是上面所说的把时间当做心灵的延展；把生活当做一首乐曲，就是把时间当做心灵的伸展。但无论伸展还是

尘世的惶恐与安慰
Agonies and Consolations in This Life

延展,都不是在延伸的方向上朝向上帝或背离上帝,因为心灵无论怎样延伸,都不会触及上帝。延展,描述的就是这种永远不会触及上帝的生活状态;伸展,是在认识了人与上帝的绝对距离之后,在生活中冥想上帝。那么,这两种生活态度之间有什么根本的分别吗?

看上去,心灵的伸展和延展之间似乎并未发生实质性的变化,因为都不会从时间变成永恒。无论采取哪种方式,人生都会终结,都会化为黄土一抔。心灵的伸展不会从根本上改变人的存在状态,不会使人变得长生不老。但是,伸展和延展之间毕竟还有不小的差别。比如,少年奥古斯丁落拓不羁、浑浑噩噩,任由母亲为他担心落泪,这就是任由心灵延展,挥霍生命;成年后的奥古斯丁不再虚掷光阴,而是深深懂得了爱他的人的心思,深切地关心一切应该关心的人,利用一切时间做些有益的事情,这就是努力使心灵伸展,活出意义来。两种生活方式都没有改变人的必朽性这一本质特征,也不可能把时间中的尘世生活变成永恒,其实也没有改变生活是一场试探这个事实,但仍然有着本质的区别。心灵的伸展把生活这场试探变成了一首有节奏的乐曲。

经过了这么一番讨论,我们或许就能稍稍明白了一点,奥古斯丁为亡母哭泣时,为什么既认为这体现了自己的软弱,又是正当的。奥古斯丁并没有否认,他的落泪表现出了人性的弱点,其中所体现的,正是"生活是一场试探"。不过,当他想到母亲曾怎样为他流泪的时候,却无法抑制住这眼泪,因为他觉得,为这样一位母亲流泪,是应该的。于是，他的泪水又流成了一首乐曲。在此，人性的弱点虽然表达了"人生是一场试探"这个无法逃避的生存处境，它同时又以人间之爱的一曲乐曲，努力克服着这一处境。不过，究竟该如何理解这首哭泣的乐曲的力量，我们还需要回到莫尼卡的故事。

七 尘世中的圣母

颇有一些研究者指出，《忏悔录》中的莫尼卡虽然无疑是一个感人至深的人物，但并不是一个完美无缺的基督徒。在奥古斯丁陷溺邪教的时候，她心急如焚，对情感的流露毫不节制；奥古斯丁把莫尼卡留在迦太基，自己前往罗马一节，一直被当做对埃涅阿斯毅然离开迦太基女王狄多、前往罗马的摹写。莫尼卡的深夜哀号几乎可以和狄多的绝望自尽相比。无论在古典哲学中还是在基督教中，二人都算不上道德的楷模，只不过是敏感而脆弱的女人而已。奥古斯丁自己在写到莫尼卡的时候，虽然字里行间透露出尊敬和依恋之情，但丝毫没有为亲者讳的意思。

莫尼卡故事的高潮，无疑是奥斯蒂亚的那一段。奥古斯丁不仅描写了他们在奥斯蒂亚的神秘体验和母亲平静的死，而且还叙述了母亲以前的很多故事。但这些故事中的第一个，却不是什么光彩的经历，而是母亲儿时的一个坏毛病。

尘世的惶恐与安慰
Agonies and Consolations in This Life

幼年的莫尼卡经常被父母派到地窖中去取酒。莫尼卡出于好奇，总是在取酒时抿一口。这并不是因为她喜欢酒的味道，而是完全出于孩童的淘气。莫尼卡的淘气甚至渐渐变成了习惯，而且她以后还不止抿一点，而是每天多喝一点，每天多喝一点，最后竟然成杯成杯地饮酒。后来，一个侍女发觉了她的这个恶习，抓住她的把柄，当面羞辱她。莫尼卡心生悔恨，下决心戒掉了这个毛病。奥唐奈（O'Donnell）指出，在当时的罗马，女人喝酒不是小毛病，就像西塞罗所说，女人若是嗜酒，那所有德性的门就对她关闭了。甚至女人喝酒被视同通奸。因此，奥古斯丁暴露莫尼卡小时候曾经偷酒喝，几乎就是在暗示自己的母亲生性放荡。[1] 多年之后，彼拉鸠派的朱利安甚至因此攻击奥古斯丁，他自己曾经暗示，莫尼卡有奸淫的倾向。[2]

莫尼卡年轻时候一定有很多事情可写，但奥古斯丁为什么偏偏拿出这件丑事来谈呢？虽说莫尼卡最终还是改正了，但正像我们在朱利安那里看到的，暴露母亲的这样一件丑事，无论如何没有什么可夸耀的地方。更何况，奥古斯丁是在谈到母亲的去世时，作为对母亲的怀念，而忆起此事的。谁会拿这样的丑事来纪念亡母呢？根据《忏悔录》前面的讲述，读者已经把莫尼卡当成了一个非常可敬的母亲；可是临

---

[1] 参见 James O'Donnell 对《忏悔录》9:8〔18〕的注释 (Confessions, Oxford: Clarendon Press, 2000)。

[2] 参见奥古斯丁：《驳朱利安》，1:68。

到最后，奥古斯丁却抛出了这样一件丑事。

但人们稍加分析就会看出来，此事当与奥古斯丁16岁时的偷梨事件相呼应。年轻的奥古斯丁因为好奇心的唆使，在一些玩伴的引诱下，偷了一棵并不怎么诱人的梨树上的果子，事后又不吃，而是把果实喂猪了（《忏悔录》，2:4〔9〕以下）。对偷梨事件的研究可谓汗牛充栋，成为理解奥古斯丁关于恶的思想的关键段落。我们在这里无法述及所有这些解释，但可以看到奥古斯丁偷梨与莫尼卡偷酒之间一个显而易见的关联，即，两件事都明白无误地诠释了"生活是一场试探"这句话。

无论偷梨还是偷酒，都像奥古斯丁评价伊甸园中的偷吃禁果一样，是对一件本来极易遵守的诫命的违反。在伊甸园中有各种奇珍美味，不吃一种果子是非常容易的（《上帝之城》，14:12）。同样，奥古斯丁可以吃到很多比他偷的梨好得多的果子，他根本不需要去偷梨。莫尼卡本来也并不喜欢喝酒，甚至很讨厌酒的味道，其实那酒没有什么诱惑她的地方，所以她一开始只是抿一下，并不多喝。但就是对这种她自己丝毫不感兴趣的饮料，莫尼卡竟然越来越上瘾，最后甚至形成了难以戒除的嗜好。如果说亚当、夏娃还有魔鬼来主动试探，那在奥古斯丁母子这里，就根本没有谁来试探，他们主动就被没有什么诱惑力的尘世生活俘获了，成为自己的顽劣天性的牺牲品。说生活是一场试探，并不是因为尘世生活是好的，也不是因为它是不好的，而是因为人的心灵自身是不坚定的。不论外界是否有极大的诱惑，人心都面临着试探,而且首先是自己的试探。就像奥古斯丁屈服于这场试探一样,年轻的莫尼卡也曾屈服于这场试探。

《忏悔录》中随处可见莫尼卡的身影,让人总是觉得,奥古斯丁隐隐在以圣母来比照自己的母亲。但是,这个曾经一度陷入嗜酒的恶习,甚至很容易让人以为生性放荡的莫尼卡,这位曾经像狄多一样歇斯底里、一生犯过种种错误的莫尼卡,怎么能和童贞受孕的圣母马利亚相比呢?

莫尼卡身上确实有种种弱点,面对尘世的诱惑也并不总能抵制,甚至会在好奇心的驱使下陷溺于恶习之中。但这并不意味着她不能和圣母相比。奥古斯丁从这个恶习开始讲莫尼卡的一生,绝对无意诋毁她,而恰恰是在以喝酒这个巨大的试探开始莫尼卡一生的这首乐曲。这首乐曲的序曲虽然极其低沉,但并不妨碍它以后的旋律变得像马利亚的生活一样高亢悲壮。

不过,奥古斯丁后面所回忆的莫尼卡以后的故事似乎也没有什么悲壮出众之处。《忏悔录》里并没有描述她的什么轰轰烈烈的壮举,而只是在罗列她的那些婆婆妈妈的琐事。

莫尼卡改正了嗜酒的恶习之后,在贞静检肃之中度过了少女时代,然后嫁给了奥古斯丁的父亲帕特里克。帕特里克并不是一个很出众的男人,他不是基督徒,在外寻花问柳,而且是出了名的脾气暴躁。不过,自从莫尼卡嫁给他之后,人们却从未听说他打过莫尼卡,甚至没有听说过他们之间有什么争吵。莫尼卡解释说,她从结婚的那

属灵的劬劳

圣莫尼卡（哥佐利作品）

尘世的惶恐与安慰
Agonies and Consolations in This Life

一刻起,就严肃看待自己和丈夫的婚姻协定,恪尽妻子的职责,不会因为一点小小的委屈而发怒。她以这种办法安抚秉性乖戾的丈夫,不仅与他一生和睦相处,默默地等待他放弃其他的情人,而且逐渐赢得了他的尊重甚至敬慕,使他最终也皈依了大公教会。

莫尼卡的婆家是个极为复杂的家庭。她不仅有一个脾气暴躁的丈夫,而且有一群惹是生非的奴婢,一个不易相处的婆婆。莫尼卡过门之后,在众多奴婢的挑唆下,婆婆对她很有敌意。但莫尼卡通过自己的礼让和尊敬赢得了婆婆的好感,使那些搬弄是非的奴婢遭到了惩罚。此外,莫尼卡和他人交往时,总是与人为善,尽量平息是非和争端,使周围的人们和睦相处。

谈到莫尼卡的这些琐事时,奥古斯丁自己也把它们当成"庸德庸言"(*parvum bonum*),但和周围司空见惯的是是非非比起来,莫尼卡能做到这些仍然是非常难得的。于是他总结说:"凡有人道的人,不仅不应该挑拨离间,增剧别人的怨毒,却应尽力劝说,平息双方的怒气。我的母亲所以能如此,是由于你在她内心的学校中默导她。"(《忏悔录》,9:9〔21〕)哪怕在基督教的生活观念中,也并不是只有去苦行、殉道、牺牲才能成就完美的人格。大部分人并没有这种机会。像莫尼卡那样能够使如此暴躁的丈夫悔悟,能够在如此多的恶仆之中赢得婆婆的理解,能够在众人的飞短流长中构造和平,已经完成了一个普通妇人可以完成的最好的乐曲。

奥古斯丁的母亲为什么能做到这些呢?奥古斯丁说,是因为有上帝这个最好的老师，在莫尼卡的心中调教她。在上面列举的所有这些琐事中，我们似乎很难看出莫尼卡的基督徒身份。但奥古斯丁指出，莫尼卡之所以不仅能做到不惹是非，甚至还有能力平息纠纷，根本上是因为上帝的内在引导。这显然不是因为莫尼卡天性善良或教育得当——嗜酒事件已足以表明，莫尼卡并没有自我约束的能力，而且即使她那么好的家庭也没有阻止她的这一恶习；也不是因为善良的风俗——莫尼卡婚后的环境实在不算是好。于是奥古斯丁总结说，这只能是内心中的上帝在起作用。是上帝的作用，使莫尼卡因为别人偶然的斥责而中止了她的恶习；是上帝的作用，使她从一个不能约束自己的少女，变成了一个贞静有德的贤妇；也是上帝的作用，才使她内心安宁，面对各种各样的诱惑依然能谱写自己的生命之歌。上帝的恩典，使生活这场试探彻底变成了美妙的乐曲。所以，在奥古斯丁看来，莫尼卡所达致的和谐，主要并不是家庭内外的，而是她自我的和谐，或者说，是她与心中的上帝的和谐。因而奥古斯丁所关心的，并不是他的祖母、父亲，以及他们的那个家庭。在整部《忏悔录》中，奥古斯丁很少正面评价帕特里克。似乎这个父亲与他没有什么关系；而母亲与他的关系，则主要是因为他们共同侍奉的上帝。

毕竟，在奥古斯丁看来，只有上帝才是衡量一切的标准。他在《基督教教导》中谈到，本来所有人都是应该平等地去爱的，但因为你不可能给所有人一样的帮助，所以只能帮助那些碰巧因为时间、地点、机缘而和自己相关的人（《基督教教导》，1:28）。他还讲，每个

尘世的惶恐与安慰
Agonies and Consolations in This Life

人对上帝的服侍如同看戏,人们也都喜欢让自己亲爱的人来与自己一同欣赏美好的表演(《基督教教导》,1:29)。这些说法把亲缘关系的自然性彻底抹掉了,使人们之间的相聚相识完全变成了偶然。这种偶然的人际关系,似乎也不过是生活作为试探的一种表现形式而已。

上帝的介入,为这种偶然的试探赋予了神性的光芒;但这种光芒并没有改变试探的性质。即,当人自觉地把生活变成对上帝的赞美,从而把它谱写成一首乐曲的时候,这并未使它变得不再是一场试探,而只是使生活除了试探之外,还成为一首乐曲,而且这音乐的音符,就是用试探中的种种诱惑谱写的。这就如同早期教父不断使用的那个比喻:把铁放在火中烧,铁会变得和火一样炽热,一样光芒四射,但铁还是铁,不可能变成火。

正是在这个意义上,我们可以明白,奥古斯丁是在什么意义上谈论母亲那"属灵的劬劳"。

奥古斯丁谈到他从迦太基来到罗马之后的状况,回想起母亲对自己的关心和劳苦,动情地说:"她在灵性上生养我所担受的劬劳,远过于她肉体生我时顾复的勤苦。"(quanto maiore sollicitudine me parturiebat spiritu quam carne pepererat)(《忏悔录》,5:9〔16〕)这句话,应当是《忏悔录》里若干动人的警句中的又一句。但我们在为这句话感动之余,不要忘了,此处明显是在呼应《创世记》中上帝对夏娃的惩罚:"我必多多增加你怀胎的苦楚,你生产儿女必多受苦楚。"(3:16)女人生子的苦楚,本来已经是上帝对原罪的惩罚了,而今,莫尼卡不仅承受了上帝施加的这一惩罚,甚至主动加重了自己的惩罚,在精神上也要承受生子的劬劳。本来,这种劬劳的目的是虔敬,莫尼卡为儿子所做的一切,为什么不仅没有使她摆脱生活的困苦,反而加重这种困苦了呢?

莫尼卡为儿子所做的这些事,正如她为丈夫和婆婆所做的那些一样,一方面是在维护尘世生活中的家庭和睦,另一方面也是为了进一步朝向上帝。深爱自己儿子的莫尼卡显然无法把这种亲情关系仅仅当做偶然的际遇。若说对儿子的牵肠挂肚属于软弱的人性受惩罚的一部分,莫尼卡在努力把这种眷顾变成神性的音乐时,无法使自己祛除这种软弱,也无法使自己不接受尘世的试探。"属灵的劬劳"似乎是一个极为悖谬的说法。本来灵性的应该是轻盈神圣的,怎么还会是劬劳呢?如果是劬劳,那就是尘世的惩罚和试探,怎么会是属灵的?

但对于在尘世中生活、无法把爱子之情当做虚妄的莫尼卡而言,她只能通过接受进一步的试探和劬劳来表达属灵的心意;她愈是虔敬,就愈是充满劬劳,愈是在承担生活中的种种试探。所以说,当她把生活当成一首乐曲的时候,不仅没有取消生活是一场试探这个事实,甚至还在主动接受更多的试探。

在谈到如何承受尘世的试探的时候,奥古斯丁经常引用《马太福音》里的这句话:"因为我的轭是容易的,我的担子是轻省的。"(11:30)在看到了莫尼卡的尘世辛劳之后,我们或许就能明白这句话在奥古斯丁那里的意义了。《论音乐》中的好几处都可以看做是对这句经

尘世的惶恐与安慰
Agonies and Consolations in This Life

文的诠释。我们在此摘录其中的一个段落:

> 在必朽和脆弱的处境中,灵魂被巨大的艰难和焦虑所统治。于是就出现了这样的谬误,灵魂更看重身体的享乐,而不是自己的健康,因为她为物质而焦虑,健康反而不必焦虑了。难怪她会陷入困厄,宁愿操心而不安宁。如果她把自己转向主,就会带来更大的操心,因为她害怕失去主;从事肉身事务的冲动,是日常习惯养成的,即使在皈依的心中,也因为混乱的记忆而深陷其中,所以要一直等这冲动安静下来。等到那把她引向外在事物的动荡这样安静下来,她就会享受内在的自由,安息日代表的就是这种自由。(《论音乐》,6:5〔14〕)

这段话可以和奥斯蒂亚异象中的那段话对勘。在奥斯蒂亚,即将摆脱尘世这场试探的莫尼卡和儿子一起期待着在复活的时候享受真正的美好音乐;而在《论音乐》中,奥古斯丁则同样期望在真正的安息日涤除一切焦虑,甚至包括信仰过程中出现的焦虑。

八 丧尽其哀

最后,我们可以在尘世的喧嚣与音乐的宁静中重新回到奥斯蒂亚了。面对灵床上的母亲,奥古斯丁关于是否哭泣的犹豫究竟意味着什么呢?

我们很容易就可以看出来,奥古斯丁不敢哭或不愿意哭,是受到了斯多亚派和新柏拉图主义的直接影响,只不过,他以基督教的逻辑重新表达这种观念而已。斯多亚学派哲学家强调,有智慧的人不能轻易受情感的搅扰;若是陷于喜怒哀乐,就是理性还不够;因此哲学家应该刻意戒除这种搅扰。普罗提诺在《九章集》里谈到哲人的幸福的时候,更明确地讲:

> 假定他的家人或是朋友遭受了死亡;他知道死亡是什么,而死者如果是智慧的,也应该知道。如果他的熟人和亲人的死给他带来了悲痛,那不是他的悲痛,即不是那真正的人的悲痛,而是他之内那最高部分之外的悲痛,是更低的人的困扰,他不应该遭受。(《九章集》,1:4.4)

虽然奥古斯丁无疑受到了普罗提诺的影响,但他并没有全盘照搬普罗提诺的理由。他说:

> 我们认为,对于这样的安逝,不宜哀伤恸哭;一般认为丧事中必须哀哭,无非是为悼念死者的不幸,似乎死者已全部毁灭。但我母亲的死亡并非不幸,也不会全部毁灭。以她的一生而

论，我们对这一点抱有真诚的信念和肯定的理由。(《忏悔录》，9:12〔29〕)

在奥古斯丁看来，之所以不该为母亲哭泣，是因为没有这个必要。母亲既然德行无亏，自然会享受永福，那又何必为她哀哭呢？

他虽然明白，必将升入天堂的母亲不需要他的哭泣，但他的心中还是会涌起巨大的悲哀。这究竟是怎么来的呢？他给出了这样一个解释：

> 但我为何感到肝肠欲裂呢？这是由于母子相处亲爱温煦的生活突然决裂而给我的创痛。她在病中见我小心侍候，便抚摩我，疼爱地说我孝顺，并且很感动地回忆起，从未听我对她说过一句生硬忤逆的话，想到她这种表示，可以使我感到安慰。但是，我的上帝，创造我们的上帝，我的奉养怎能和她对我的劬劳顾复相比？失去了慈母的拊畜，我的灵魂受了重创，母子两人的生命本是和合为一的，现在好像把生命分裂了。(《忏悔录》，9:12〔30〕)

此处关于灵魂创痛的说法，与第四卷中说灵魂被切去了一半的话，简直如出一辙。奥古斯丁一方面在动情地回忆起母子之间的相依为命，另一方面又在以此自责。他的生活那么紧密地与母亲结合在一起,他是那么依赖母亲的支持和关怀,以至于她的去世给他的灵魂带来巨大的创伤,这究竟是在赞美母亲呢,还是在责备自己的软弱?似乎两者都有;而在当时的奥古斯丁看来,一定是责备更重要一些。这就使他的思考与普罗提诺的解释联结了起来。虽然从他的基督教理性出发,母亲根本不需要哀悼,但是从他自己的境界来说,为母亲的死而痛苦,恰恰是软弱和幼稚的表现,所以他在前文说,是他心中幼稚的部分(*quiddam puerile*)使他想哭泣(《忏悔录》,9:12〔29〕)。这"幼稚的部分",不正是普罗提诺所谓的"更低的人"吗?其实,他对自己的这种自责,与第四卷中因为朋友之死而悲痛导致的自责,并没有什么区别。

难道,在两次葬礼之间,奥古斯丁就没有一点改变,没有一点进步吗?当然有。在这十多年的时间里,奥古斯丁经历了至少两个巨大改变。一个方面,他对哲学研习更深,思考更多。这使他从普罗提诺那里得到了更多的理由来抑制自己的悲痛。所以,当莫尼卡去世时,奥古斯丁控制悲痛的能力已经远远超过了第一次葬礼的时候。而另一方面是,奥古斯丁这个浪子,逐渐长大成人,越来越清楚母亲为他付出的心血,从而也越来越珍惜自己和母亲的感情。就面对葬礼的态度而言,这样两个方向的发展,不是矛盾的吗?前者使他有更大的力量抑制泪水,后者却使他面对灵魂的伤口更加软弱。这两者一相抵,是不是什么实质的进步都没有呢?这么多年过去了,奥古斯丁还是在痛苦中挣扎,还是在责备自己的软弱无力。

尘世的惶恐与安慰
Agonies and Consolations in This Life

但是，我们还可以对关于灵魂的伤口那个看似矛盾的一段换一种解释方式：奥古斯丁在认识到生活是一场试探的同时，也认识到，必须在这试探中才能把生活变成一首乐曲。前者是普罗提诺为他带来的智慧；而后者却是莫尼卡的爱为他带来的体悟。如果这样理解，也许我们就能重新看待这一段话。那表面上的自责之所以透露出了深厚的母子之情，并不是偶然的；因为在成熟的奥古斯丁那里，亲人之死带来的已经不只是无法把捉的痛苦，而且是对人间亲情的品味。

如果我们在"试探"与"乐曲"这两个人生主题之间思量，则会明白，奥古斯丁所谓人性的弱点并非只有否定的意义，或者说，其否定和肯定的意义是相互渗透的。固然，能够完全不受各种情绪的搅扰，应该是最高的境界；人因为其处境的不完美和其本性的堕落，无法达到这一境界，这是人的天生缺憾。虽然明明知道母亲会在死后进入天堂，奥古斯丁还是会为她悲伤哭泣。在他看来，这不是因为他怀疑母亲的善德，而是因为他自身的弱点，无法承受失去母亲带来的孤独。于是，他的情感无法完全遵循自己的理智判断，仍然会屈服于现实的孤独感而顾影自怜。理智与情感的这种不一致，导致了奥古斯丁的哀痛之情。按照这一逻辑，奥古斯丁对母亲的依恋和丧母之后的孤独，当然是人性的一个弱点。

那么，在面对这样的软弱状态时，人应该怎么做呢？难道是假装自己和天使乃至上帝一样，可以避免情感的侵扰吗？在斯多亚派和新柏拉图主义看来，哲学家就是要通过自己的努力获得智慧，并尽可能地去摹仿神。但在这一点上，奥古斯丁经过思考之后，表现出了根本的不同。他后来在很多地方讨论过人是否应该受情感搅扰的问题。比如在《上帝之城》中的这个段落，他就非常明确地表达了自己和斯多亚派的区别：

> 既然我们要承受此生的虚弱，如果我们根本没有这些情感，那我们就不能正直地生活。使徒谈到无情之人时，表现出谴责和讨厌之情[1]。圣《诗篇》中也责备这一点，说："我指望有人体恤，却没有一个。"[2] 我们在此地陷入悲惨，却根本无人悲悯，就像下面这段世俗文字所体会和描写的那样："灵魂的污染和身体的麻木必然付出巨大代价。"我们来看看"不动心"（希腊文所谓的 $άπάθεια$，拉丁文就是 impassibilitas），这只能发生在心灵里，不能在身体里，我们可以把它理解为，人们的生活中若没有这些情感（因为它们违背理性和搅扰心志），这显然是最大的好；但这在此世不可能存在。下面这段话说的不是一般人，而是最虔敬、正义和神圣的人："我们若说自己无罪，便是自欺，真理不在我们心里了。"[3] 只有人没有罪时，才能这样不动心（$άπάθεια$）。如果没有罪，现在就能足够好好活着；谁要认为自己无罪地活

---

[1] 《罗马书》1:31。

[2] 《诗篇》69:20。

[3] 《约翰一书》1:8。

着,他并不是无罪,而是无法接受恩宠。这样,如果把所谓的"不动心"当成心灵不能沾染任何情感,谁会认为这种麻木不是最坏的罪过呢?没有恐惧的刺激,没有悲哀,就说是未来的完美幸福,难道这不荒谬?除非千方百计回避真理,否则谁会说将来不会有爱和喜悦呢?如果无惧存在、无悲所动就是不动心,那么,如果我们要按照上帝正直地生活,在此生就要避免这不动心;而在那所应许的永恒的真正幸福中,我们当然希望不动心。(《上帝之城》,14:9.4)

人之所以应该表达情感,并不是因为,既然处在这软弱而悲惨的境地,那就只好屈服于自己的软弱,而是因为,在这样的处境下,假装没有情感反而是矫情的。那些假装无情的人,其实是一种狂妄自大,不承认自己有罪,或者误以为凭自己的力量就可以消除大罪,因而不必通过恩典就已经得救了。这无疑是一个更大的罪。这样的人与其说获得了健康,不如说丧失了人性。"心硬未必就正直,麻木未必就健康。"(《上帝之城》,14:9.6)此处的详细论述,可以看做奥古斯丁对亡母这种态度变化的进一步辩护。他在《忏悔录》中已经说了:

谁愿读我所作,请他读下去,听凭他做什么批评;如果认为我对于在我眼中不过是死而暂别、许多年为我痛哭使我重生于你面前的母亲,仅仅流了少许时间的眼泪,是犯罪的行为,请他

不要嘲笑,相反,如果他真的有爱人之心,请他在你、基督众兄弟的大父面前,为我的罪恶痛哭。(《忏悔录》,9:12〔13〕)

因此,人只有保持人性的本来面目,才能充分承认、承担并忏悔自己的罪性,才能认识到,只有恩典才能使人得救。正如谁都不是想攀上山顶就真的到了山顶,而必须从山脚开始爬;同样,人不是想获得救赎就能获得救赎,而必须从自己有罪的本性出发,慢慢攀升。因此,生活在世间的人不仅要有所爱、有所惧,而且要有所哀、有所怒、有所欲。只有依循着有罪的人性的理路,人才能慢慢克服这罪性。或者说,只有认真与生活中的每一个试探周旋,才能把生活谱成一首优美的乐曲。

我们前面已经谈到,为了按照神性生活,莫尼卡要从偷酒的罪性出发,奥古斯丁要从偷梨的罪性出发。但人间的爱恨聚散这种试探,又和罪性有所不同。莫尼卡慢慢克服了偷酒的毛病,奥古斯丁也不会再有偷梨的行为;但是,孤独感是永远都有的,对母亲的依恋是不能也不该克服的。到底为什么会有这种区别呢?

当我们把生活当做一种试探的时候,往往会不加区分地看待这试探导致的各种后果,但这试探的后果的性质可能会非常不同。就像人生病后所出现的种种症状,有些是病症导致的负面结果,比如身体的虚弱,有些其实是身体中的免疫机能在对抗疾病,比如发热、流脓等等。莫尼卡偷酒和奥古斯丁偷梨这样的毛病,可以看做是身体虚弱这

尘世的惶恐与安慰
Agonies and Consolations in This Life

样的负面后果；但是，奥古斯丁为了抗拒孤独感而导致的对母亲的依恋和怀念，却是对抗尘世生活这种试探的人性努力。上引《上帝之城》中的那段话的真正意义，就在于它在突出人的情感的这种正面价值。从这一角度出发，斯多亚派的哲学家们在谴责不义的同时，也谴责了人们对不义的义愤；在否定人间的悲惨时，也否定了对人间悲惨的同情；在摒弃生活中的虚妄时，也摒弃了对虚妄的抗争。而奥古斯丁在肯定人情自然的时候，并没有肯定人的罪性。他并没有说，既然人无法摆脱有罪的处境，就要对罪性甘之如饴，放心大胆地去作恶。他所肯定的，只是在有欠缺的处境中，人必须尽其所能地，拿起自己那也许并不怎么有效的武器，去努力地与罪性战斗，并且要意识到，由于人的这种武器有天生的缺陷，不能有一丝一毫的大意，以为凭自己的力量战胜了罪性，而必须在不懈的战斗中等待恩典。这就如同，人们不能误以为，凭发烧、化脓这种自我调节，人就能战胜疾病，而必须吃药打针（西医治病，与基督教的拯救，在逻辑上本来就是一致的）。斯多亚派和新柏拉图主义的问题，在于混淆了罪性的这两种不同的后果；而奥古斯丁所肯定的情感，正是人用来克服自己悲惨处境的人性努力。

于是我们就可以理解，对其他人的爱，虽然不足以在根本上克服人的罪性，使人获得救赎，却是人对抗自身的罪性必须要做的，也是他唯一能做的。虽然这样做并不能在根本上去除罪性，但至少可以使人不屈服于罪性，能够在坚韧的战斗中等待救赎。

奥古斯丁从人被创造的特点,来理解为什么人间之爱是如此必要的。他在《上帝之城》中指出,在上帝所造的各种动物中,有些天性就是离群索居的,有些则是一定要过群居生活的。但不论其中哪一种,上帝一创造就造出一类,而不是仅仅一个,因为《创世记》中在谈到它们的创造时都说"各从其类"。唯独人,上帝只造出一个。为什么这样呢?奥古斯丁解释说:

> 上帝只创造单一的一个,这并不意味着人可以离开社会独居,而是为了让社会能更有效地发挥结合、约束、和谐的作用。人们不仅彼此之间有相同的自然,而且还通过人间的家族情谊勾连起来。上帝不仅像创造男人那样创造了女人,作为男人的妻子,而且还直接从男人中创造她。这样,所有的人都是从一个人产生的,散播成为全人类。(《上帝之城》,12:21)

这样,要在人与人之间奏出最好的乐曲,人们不仅应该把彼此都当做同样高贵的灵魂来看待,而且要体会上帝造人时的这层深意,即人和人之间,并不是像老虎和老虎之间、大象和大象之间那样,仅仅是具有相同自然的同类,而是所有人都可以追溯到同一个祖先,都是同胞兄弟。

上帝用尘土造出一个亚当,再从这个亚当中造出一个夏娃,从亚当和夏娃又繁衍出众多的人类。人类的分离与散播,既是上帝让人

尘世的惶恐与安慰
Agonies and Consolations in This Life

"生养众多、布满地面"的赐福，也代表着人从合一到分离的堕落。[1] 人的救赎的一个方面，就是要回到当初和合为一的状态。但这么多人已经不可能在严格意义上重新成为一个人，那就必须在众人之中实现合一，也就是在众多的个体之中实现人类合一的大音乐。按照基督教的经典说法，这种合一要在以基督为首的教会之中实现，因为教会就是基督这第二亚当的身体。而按照奥古斯丁此处的解释，在基督教中如此核心的教会说，背后却有一个家族血缘的背景。基督徒之间之所以应该彼此当做兄弟相待，是因为他们本来就是兄弟。

要爱上帝，就要爱人如己；爱人如己，就是尊重和爱自己所有的同胞兄弟。奥古斯丁在谈到爱时，确实没有严格区分对亲人与对朋友的爱，但之所以如此，并不是因为家庭关系不重要，而是因为所有的朋友都等同于亲人。

这样，为了否定相互分离的状态，人们就应该爱其他人；而对家人的爱，则是爱他人的一个具体体现。要实现对他人的爱，就一定会以喜怒哀乐的形式表现出来。这种尘世情感，恰恰是对尘世堕落的一种否定，虽然尘世的方式不可能真正克服尘世的缺陷，但这种否定体现了人对永恒的追求和对上帝的亲近，是人在堕落状态中所能坚持的

---

[1] 参考 William T. Cavanaugh，《超越世俗模仿》（"Beyond Secular Parodies"），见 John Milbank, Catherine Pickstock, and Graham Ward edit, *Radical Orthodoxy*, London and New York: Routledge, 1999, pp.182-200。

唯一的战斗形式。

于是,人的时间性、死亡、理性与情感的冲突、分化等等,都是其堕落和不完美的反映。人要追求永恒、不朽、理性的纯粹、合一,却无法在这种堕落的处境之外去努力。因此,人只能在时间中否定时间的延展,只能通过死亡来抗拒死亡的毒钩,只能通过更真切的情感来克服自己脆弱的心灵,只能以四海之内皆兄弟的方式来克服人类的分崩离析。

当奥古斯丁终于为莫尼卡流下了一滴眼泪,终于承认自己不是能克服人之常情的冷漠的哲学家时,他也就和母亲一起完成了他们能完成的最美好的乐曲。如果说,偷酒和偷梨分别构成了这首乐曲低回的序曲,那么,一件一件的家庭琐事和在尘世的艰辛就构成了它婉转悠扬的乐章。奥斯蒂亚异象成为这曲乐曲的高潮,母子二人在对悠悠往事的回忆中,渐渐与宇宙的旋律合而为一,仿佛随着圣言的律动升入了天堂,听到了上帝的三个位格之间最美妙的数字和音响。但是,高处不胜寒的他们现在面临的最大挑战是,能否清醒地意识到自己的双脚其实仍然在地上,能否从那无限高远的畅想曲中回到地面。莫尼卡仿佛随着高亢的音符升入了天堂,而沉醉在这旋律中的奥古斯丁也恍恍惚惚,浑然忘我,好像也要随着母亲升入天堂,被那似幻似真的异象吞没。所幸的是,奥古斯丁突然被内心涌起的悲伤警醒,才知道自己造出的这异象不可久居。这刹那间的警醒使人一下子又看到了周围的黑暗与苦难,让人不由自主地流下泪来。但恰恰是这泪水和哭声,

尘世的惶恐与安慰
Agonies and Consolations in This Life

才使奥古斯丁的生命之曲复又归于中正平和、清幽淡远，在余音袅袅中成就了不仅提拔心志，而且令人心安的千古雅乐。

2007 年 7 月 18 日于北京

后 记
"我的九一一"

2001年春夏之交，我在美国康桥，因为在汉伯格教授的课程"上帝之像"（*Imago Dei*）上受到一些中世纪绘画的触动，开始写《微若尼卡的第三重生命》。断断续续写了几个月，到8月底的时候，剩下最后一部分还没有完成，就有两位朋友从俄亥俄开车来康桥玩，并准备从这里去纽约。当时我在美国虽然已有两年，竟然还没有去过近在咫尺的纽约。两位朋友便力邀我们夫妇同去。于是，我们来到了被称为"世界首都"的曼哈顿岛，并在到纽约之后的第二天早晨登上了世贸中心两座大厦中的一个。

从外面看这座双子楼，似乎并不显得多么宏伟，但乘着电梯上去之后，感觉就不同了。一下子升到一百多层，当然很容易产生失重感，所以那开电梯的小伙子要极尽其幽默之能事，转移人们的注意力，因而在世贸大楼遇到的人当中，我对他印象最深——以至于我后来会常常想起，这个开电梯的小伙子，是一定没能逃脱"九一一"的了。似乎只是转瞬之间，我们就已经站在了楼顶上。从上面往下看，

尘世的惶恐与安慰
Agonies and Consolations in This Life

不仅整个曼哈顿岛尽收眼底,而且偶尔还看到有云彩和飞机在比我们低的地方飞过,甚至离大楼很近。当时似乎只是不经意之间产生了一个念头:若是哪一架飞机不小心撞在楼上,怎么办呢?

从纽约回到波士顿时,是9月2日。我花了一个星期左右的时间,把《微若尼卡的第三重生命》的最后一部分,也就是关于《牺牲》的解读写完,然后准备开学。开学是12日,在开学前一天,我陪着一个刚从国内来的师弟去办一些手续,一早就来到了我导师的办公室,却惊讶地发现,导师夫人和秘书都从未有过的严肃,似乎在收听什么广播。她们对我不知所云地说了一句话,我像一般听不懂别人的英文时一样,向她们笑了一笑。她们显然被这笑容弄得很愤怒,就不再理我。我觉得莫名其妙,但也没太在意。可是那天上午诸事不利,所有办公地点都关了门,大街上弥漫着一种很奇怪的紧张感,和刚刚开学的气氛极不协调。很多陌生人神经质般不时和我说话,我不知道他们讲的是什么,只是不断听到 attack 这个词。既然什么也办不成了,我只好在一片茫然中回到了家里。

回去之后,发现家里的电视开着,我这才看到了那可怕的景象:我们前不久刚刚上去过的双子楼已经陷入了一片滚滚浓烟中——真的有飞机撞了上去。我这才明白了当天那种怪异气氛的原因,一下子仿佛重又听到了《牺牲》中那恐惧的轰鸣。随后做的第一件事,当然是打电话给在纽约的朋友们。他们都还在,回答却很类似:"我昨天刚去了一次世贸中心买东西,但今天没去。""我本来是打算今天去的,

后 记

但还是没上去。"好在没有哪个朋友出现意外,而大家都好像和这场灾难擦肩而过了。然后又赶快往国内的家里打电话报个平安,但电话那头的迷茫和我之前的是一样的。当我说"一切都好,没有出事"时,母亲不知道我在说什么。当然,等到家里人知道了真相之后,一下子就炸了:"以后再也别上这种地方去了!"我只不过十多天前上过那座楼,真不知那些昨天刚刚上去,甚至准备当天上去的人该怎样后怕了。

以后才陆续知道,几个拐弯抹角的朋友的朋友在出事的飞机上;而从此之后,整个波士顿陷入了巨大的惶恐之中,我们经常会被一阵警报声吓得跑到大街上;周围的美国人和中国人都变得杯弓蛇影起来。"九一一"这件事,使我第一次感到,在美国我周围发生的一切,原来是可以和我有这么大的关系的。

在这之前,我一直认为,我在美国的生活是没有时间感、没有历史维度的。虽然我一来就看到了美国的大选,亲历了布什与戈尔之间的选票之争,虽然我每天在哈佛广场与各种抗议者和乞讨者擦肩而过,虽然我两年中已经几次目睹了大公司的倒闭和新店铺的开张,但所有这些都和我没有什么关系。我看到更多的,是几十年不变的街道,是永远忙碌的学生的身影和永远沉默的约翰·哈佛,是啰哩啰唆、每天重复着同样的问候语,却没有任何实质内容的善良而简单的老百姓。在国内没有感到过,其实北京街头随便一点什么变化、一点什么新鲜事,对我来说都是有意义的,都会和我的生活发生

尘世的惶恐与安慰
Agonies and Consolations in This Life

某种关系，都让我感到社会的变迁和历史的流动。而在美国，或许美国人也是这么感觉的，但对我而言，周围是一个没有时间感的生活世界，历史在我这里凝固了。谁当总统、谁在抗议、谁在吞并谁，这与我何干？如果说这是历史，那我只不过是在一部相当真实的历史影片中罢了，演员都在我眼前走来走去，但演的都是电影里的事，和我的生活没有关系。我在意的，只是唐人街中的超市，旧书店里价格的变化，以及图书馆里和课堂上那些触动我的故事。如果说我对西方的兴趣越来越浓，那也只是古代的和书本上的西方，当然包括历史上的美国。微若尼卡的故事可以深深地打动我，难道我周围的那些人不是和绘画与电影中一样的微若尼卡吗？我总是在想，如果书本和电影中我喜欢的哪个人就生活在我的身边，他还会那样吸引我吗？我本来那么崇敬的人物，是不是也会像周围的每个人一样，引不起我的任何兴趣呢？有几次我见到了在国内时就非常仰慕的大学者，果然发现他们和别的人一样无聊和啰唆，说着同样的客套话。还是读他们的书，不要见他们的人吧。每天生活在这种活电影当中，谁能长期忍受下去？

但"九一一"却打破了这种无聊，使我和周围的美国人一起恐惧，一起敏感地听着周围的警报声，一起排队等待着各种各样的安检。我不知道，这是打破了那种活电影的感觉，还是使我也进入了这部电影，总之，"九一一"也成了我的历史。然而，我的恐惧真的和他们的恐惧一样吗？如果说"九一一"成了我的生活世界的一部分，它对

后 记

我的意义，真的会和它对美国人的意义一样吗？当我的美国同学们开始谈论阿富汗和伊拉克的时候，我已经感到，我的恐惧和他们的恐惧越来越不同了。

我的意思，当然不是说我对美国没有产生一点感情。无论对于绛红色的哈佛校园，对于充满清教徒色彩的康桥和波士顿，对五彩斑斓的新英格兰，还是对风景壮丽的整个美国，我当然都有着很多美好的回忆。我也不应该是一个顽固不化、不肯理解西方的人。前面说了，书本和电影中的西方有很多打动我的地方，要不然也不会有眼前的这本书了，而且，打动我的西方也并不只限于希腊罗马，哪怕是很多当代的故事，如果不把它放在真实的生活中，还是很能吸引我的。但是，我为什么和生活中的美国就那么隔膜呢？我不仅没有排斥，而且有意接触了美国的一些普通人，不能说没有丝毫收获，只是仍然像隔着银幕在触摸他们的生活。俄亥俄的那两位朋友中，有一位叫韩亦，曾在俄亥俄腹地生活过很长时间，我到他在俄亥俄的家里去过两次，看到了与我生活的东部城市完全不同的美国，与他的美国亲戚也都成了朋友。后来，我们俩又一道从俄亥俄出发，穿越美国内陆的十一个州，一直到了沙漠当中的亚利桑那。据说，这些地方才是真正的美国，也就是后来支持布什的红色美国；而我所居住的新英格兰太像欧洲，西海岸又过于现代，我们这些留学生大多生活在这所谓的蓝色美国中，听到的都是挖苦和抨击布什的声音，但这些地方并不代表美国的大部分选民。在这红色美国的游历，确实给我非常不同的感受。

尘世的惶恐与安慰
Agonies and Consolations in This Life

韩亦向我提起，读到闻一多的传记，发现他在美国留学时，只和中国人打交道，对西方社会毫无了解，而今天的多数中国学生何尝不是如此？我们也许在某种程度上在有意克服他的这个问题，但我却越来越理解他们那个时代的留学生与西方文明这种天生的隔膜了，也越来越咂摸出胡适先生《非留学篇》中的味道。异国情调，只不过是现代旅游业带来的一种情感奢侈品而已；谁愿意长年累月地当一个旅客，在那片陌生的土地上观光和漂泊？绛园虽好，终不是久恋之家；负笈西行、寄人篱下的中国学子，哪个不是披着一身的寂寞？纵使刻意把自己变成和美国人一样，哪怕在美国找个教职待下来的，又有谁不在内心深处抱着一层遗憾呢？

回到"九一一"的话题。我突然和美国人一样感到了恐惧，当然不是因为对美国有了更深的感情。原因很简单，是因为我被拉进了那恐怖当中，这恐怖和我有直接的关系。明明只是个观光客，我们为什么也可能被埋在世贸中心的废墟下？我不在任何意义上代表美国、纽约或波士顿，但我却有可能为它们殉葬；而幸存下来的我，却也要承担"九一一"的后果，要接受安检，要跑警报，要仇恨恐怖分子；那段时间，每当我在网上从加拿大和欧洲的书店购书的时候，总会随书收到一封诚挚的慰问信。不管愿不愿意，我已经和美国人一样，被拉进了这恐怖的氛围当中，不仅要和美国人一起承担恐怖，而且也要和他们分享世界各地的慰问和同情。或许也正是因此，《牺牲》那样的电影才会打动我。不管我们愿不愿意，我们必须和西方人一样，聆听

后　记

那救赎的应许，等待敌基督的灾难，在上帝的葬礼上哀哭；而我，也还时常为世贸中心那位开电梯的小伙子的命运而感到心惊肉跳。以后每次去纽约，我都会到"九一一"的遗址上去看一下。但是，我们果真要和美国一样，被埋在"九一一"的废墟下，或是像一些精神分析学家说的那样，接受 21 世纪的这个阉割手术吗？

多年前的这段经历不仅使我不得不反思在美国的那段时间，而且也大大影响了我后来的读书、思考和写作，甚至一直影响到了回国之后。一次坐在波士顿市中心的毕肯山（Beacon Hill）上，俯视着脚下的"自由之路"（Freedom Trail）上一个又一个的历史纪念地，我在想，引导美国人通向自由的这条红线，到底与我有什么关系？如果它们和我有关系，我为什么和生活在这上面的人如此隔膜？如果它们和我没关系，这上面发生的每个故事又为什么如此打动我？

《微若尼卡的第三重生命》和《生的悲剧，死的喜剧》，都是在那巨大的轰鸣中理解这些困惑的努力，虽然未必成功。这样的写作虽然有些随意，却也许能诚实地记录下自己进入西方文明之后受到的思想触动，其中既有救赎神话带来的震颤，也有被自由精神感染后的安慰，更有在触摸一些灵魂时的亲切与景仰；但所有这些，都浸泡在对现实生活的一种惶惑和怀疑当中。我确实很喜欢基督教文明带来的悲壮感，但也深深感到这种属灵的文明带来的单调、虚无、令人焦虑的生活方式。阅读本来是试图深入西方，但写作和思考完全是在反省自我，反省这种尝试所带来的更多的疑问。

尘世的惶恐与安慰
Agonies and Consolations in This Life

2005年我回国之后,看到了与自己离开之前非常不一样的祖国;甚至很多被我认为是非常美国的东西,在中国也竟然变得司空见惯起来。更重要的是,我发现在美国困惑我的问题,在国内仍然是个大问题,只不过以非常不同的方式提了出来而已。人们以各种各样的方式制造着关于西方的幻想和神话,但多数人并未受到过我那样的触动,也没有经历过我的那些困惑。我这才感到,这样的思想尝试已经不再只是孤悬海外的我的一段特殊经历,而是我们无法逃脱的处境。《牺牲》中和纽约上空的轰鸣仍然响在我的耳边;但我们并不清楚这声音对我们到底意味着什么。

回国后我最感惊讶的事情之一是,不仅社会上的一些人,就是自己的一些朋友,也不知何时变成了基督徒——虽然这些基督徒与我在美国见到的基督徒毫无共同之处。我不知道他们是否曾经有过我那样的触动,但我也曾反躬自问,结果非常肯定地对我说,虽然基督教历史上那么多人物和故事都曾打动我,但我不会成为一个基督徒,就像我不会成为一个美国人一样。那么,不信神的我或者我们,为什么会和这些事情发生关系呢?是为了臣服在以拯救为名的轰鸣声中,还是因为那自由的口号可以安慰我们的心灵?我们和西方的碰撞,变成了一个更加严肃和棘手的问题。但不管怎样,对西方文明发生过影响的任何伟大故事,都必然和我们现在的生活有某种切身的关系。理解西方,其实不仅是为了理解他们,也是为了真正理解我们那已经迷失了的自我。比起西方人,我们的这种迷失也许有着更多的一层含义。

后　记

　　出于这样的目的，我开始更自觉地思考基督教文明，并尝试以自己生活中的感触去理解这个文明的世界意义。我用我可以理解的语言去诠释西方绘画、诗歌、电影中的喜怒哀乐，去理解基督教文明中的生死、自由、家庭。这些思考，成为我研究西学的一个起点，虽然由此产生的文章往往不是严格意义上的学术论文。

　　现在把这几篇文章放在一起出版，只是将自己的困惑和思考稍作整理，而且希望日后沿着同样的思路作一些更认真、更学术化的尝试。问题远未得到解决，或许在很长时间里都无法得到解决，可能只有在我们的学生们不必再到异国他乡去取经的时候，那恐怖的轰鸣才会慢慢消失。

2008 年 5 月 2 日于北京

附 识

《尘世的惶恐与安慰》是我在美国期间和回国后不久写的四篇随笔的合集。当时对西方文明的若干方面有了最初的体验，我对基督教文明发生了强烈的兴趣，因而试图尽可能深入地了解它，于是写下了这些文字。将近十年过去了，书读得稍微多了一点，人生阅历也丰富了一些，许多感觉已经发生了变化，回过头来再看，当初这些思考的痕迹不仅显得非常幼稚，而且存在明显的错谬。特别是最后一篇《属灵的劬劳》，经过对奥古斯丁更深入和全面的阅读后，我已经完全不赞同里面的基本说法。

今年初，北大出版社的田炜女士说，此书脱销已久，希望能够再版。盛情难却，我通读了两遍旧作，改掉一些字句的错误，但内容基本没动。本来还想把后来写的一些文字加进去，但觉得时过境迁，写作语境既已不同，就很难再与之形成一个整体。还是仍然以这四篇文字出版，可以展现对近似问题的一段思考。对于试图初步理性地了解西方基督教文明的学生，此书或许还会有一定的参考价值；故不嫌自曝其丑，答允再版，恳请读者诸君继续批评。

吴 飞

2017 年 11 月 7 日于北京仰昆室